우리말 지킴이
외솔 최현배 평전

우리말 지킴이

외솔 최현배
평전

김삼웅

채륜

최현배의 우리말 우리글 사랑

우리말과 글의 수난사

위대한 민족은 세 가지 자서전을 쓴다. 한 권에서는 역사를,
다른 한 권에서는 예술을, 나머지 한 권에서는 그 민족의 언어
에 대해서 쓴다. (존 러스킨)

흔한 것은 귀한 줄 모른다. 그것이 없어지거나 희소해질 때에
야 소중함을 알게 된다. 예를 들어 산업화로 인한 공해, 황사,
미세먼지 등으로 대기가 심하게 오염되어서야 공기의 소중함을
실감한다.

우리말과 글은 일상적으로 사용하다 보니 그 가치와 소중함
을 잘 알지 못한다. 일제강점기 우리말과 글을 모두 빼앗겼을

4

때에 비로소 소중함을 알 수 있었다. 지금 우리말과 글이 심하게 훼손되고 있다. 일부 연구가들은 이대로 가다가는 2023년경에는 영어 식민지 국가가 된다고 우려하기도 한다. 일부에서는 '영어공용화'를 제기하면서 아예 영어 상용화를 주장한다.

일제강점기 현영섭이란 친일파는 1937년 7월 9일 미나미 총독을 면담한 자리에서 "조선인이 완전히 일본인이 되기 위해서는 무의식적인 융합인, 즉 완전한 내선일원화부터 되지 않으면 안 될 것인즉 종래에 체험하지 않은 신도神道를 통하여 또는 조선어 사용전폐에 의하지 않으면 안 될 줄 안다."라고 조선어(당시 일제는 한국어를 조선어라고 했다) 사용의 폐지를 제기했다. 많은 친일파가 이에 동조한 것은 물론이다.

소설가 복거일 씨는 영어를 공용어로 쓰자는 세력의 대표 주자 격이다. 그는 "영어를 한국어와 똑같이 그 사회에서 널리 통용되는 언어(공용어)로 쓰자"고 주장한다. "우선 정부의 각종 법령이나 문서를 영어로 작성하고 그 효력을 인정하자"는 것이며 "공식회의 용어로도 영어를 쓰도록 하자"고 했다. 그의 의도인즉 말이 공용어이지 '영어전용'을 하자는 주장인 셈이다. 정부의 각종 법령이나 문서를 영어로 작성하고, 공식회의의 용어를 영어로 쓰자는 것은 사실상 영어를 전용어로 하자는 주장과 다르지 않다.

영어공용화론의 극단주의자들이 아니라도 한국 사회는 과도한 영어열풍으로 우리말과 글이 설 자리를 잃어가고 심하게 변방으로 내몰리고 있다. 일부에서는 아이들이 우리말을 깨치기도 전에 영어를 가르치고, 강의를 영어로 행하는 일부 대학도 있다. 심지어 역사와 국문학을 영어로 가르치기도 한다. 초등학생을 조기유학을 통해 영어를 배우게 하거나 심지어 '영어발음'을 위해 아이의 혓바닥 수술까지 감행하는 학부모들이 있었다. 대학의 각종 논문작성에는 필히 영어 요약문이 요구되고, 영자지 게재 논문은 평가점수에서 더 많은 점수를 받는다.

영어의 위력을 무시하거나 외면하자는 것은 아니다. 세계화·국제화시대에 '세계공용어'가 되다시피 한 영어를 배워야 하는 것은 필요하고 권장할 일이다. 하지만 모국어에 앞서, 모국어보다 훨씬 많은 시간을 들여 영어를 배우자는 것은 국민의 기본자세가 아니다. 미국이나 영어권 나라로 이민을 가겠다면 몰라도, 대한민국의 국민으로서 모국어보다 외국어를 우선하는 주의는 잘못되어도 한참 잘못된 풍조이다.

한때 중국(중원)을 지배했던 만주족은 대제국 청나라를 세우고도 문화적으로 한족漢族에게 동화되어 자신들의 언어인 만주어 대신 중국어를 사용하였다. 그 결과 만주족은 종족으로서는 존재하지만 언어를 잃고 종당에는 민족이 소멸되기에 이르렀다. 만주어는 현재 중국 동북부 오지의 노인 7, 8명만이 사용하고 있는 것으로 알려진다. 모국어를 잃으면 민족이 소멸되는 경우는 만주족 외에도 아시아·유럽·아프리카의 몇 족속이 더 있다.

알퐁스 도데(1840~1897)의 「마지막 수업」은 널리 알려진 단편소설이다. 프로이센에 의해 프랑스어를 마지막으로 공부하는 시간, 그러니까 '알자스와 로렌 지방의 모든 초등학교는 독일어만을 가르치라는 명령'을 받은 아멜 선생이 학생들에게 "국어를 굳건히 지키면 감옥의 열쇠를 쥐고 있는 거나 마찬가지"라고 일깨우고, 칠판에 "프랑스 만세!"라 쓰고는 수업을 끝마쳤음을 알린다.

남의 나라 얘기만이 아니다. 일제강점기 일제는 말할 것도 없지만 이 땅의 지도자라는 자들이 앞장서서 우리말과 한글을 쓰지 말고 일본어를 상용하자고 입에 거품을 물고 선전독려했다. 총독부는 이를 정책으로 내걸면서 한글 말살을 시도하고, 우리말을 하는 어린이들의 입을 틀어막았다.

세종 25년인 1443년 12월에 훈민정음이 창제되었다. 한글은 백성들의 일상생활에 편리하도록 창제의 목적이 있었는데 부제학 최만리가 중심이 되어 사대론자들이 훈민정음의 사용불가라는 상소를 올렸다. 반대 이유는 다음과 같다.

첫째, 중국과 동문동궤同文同軌를 이룬 이 마당에 새로이 언문을 만듦이 사대모화事大慕華에 부끄럽다.

둘째, 우리말이 중국의 방언으로 인정되는데, 방언으로 하여 따로이 글자를 만든 전례가 없다. 몽고·서하·일본·서장 등이 제 스스로의 글자를 가지고 있으나 이들은 오랑캐니 어찌 오랑캐와 같아지랴.

셋째, 이두는 한자어에 어조사만을 더하는 것으로 한문 보급의 방편이 되기도 하나 새 글자를 만들면 한문을 배우는 이가 없어져 힘들여 성리학을 배울 사람이 없어지게 된다.

넷째, 언문으로 글을 쓰면 옥사獄事가 공평하게 될 것이라고 하나 형옥의 공평은 옥리獄吏에 달렸다.

골수에 박힌 사대주의적 논리다. 스스로 '언문을 만듦이 사대모화에 부끄럽다'라 쓰고 있으니 말해 무엇하겠는가.

오늘의 영어공용화론자나 영어맹신주의자들은 최만리 일파의 정신적 혈통주의를 이어 받았다고 해도 지나치지 않을 것이다.

우리말과 글의 훼손이 이런 사람들에 의해서만이 아니라는 데 위기감이 따른다. 방송이나 인터넷 등 각종 전자기기를 통해 오가는 문자나 각급 학교 현장에서 쓰이는 각종 약어, 비속어 등이 별다른 악의 없이 사용된다고는 하지만 자신도 모르는 사이에 우리말과 글이 심하게 훼손되는 경우가 적지 않다.

조정래 작가가 우리말의 훼손을 우려하면서 학교에서 학생들이 쓰는 '비속어'의 실태를 고발한 내용이다.

"거럼, 거럼. 십장생이지(십 대부터 장래를 생각해야 한다)."

"쓰발, 열공이고 빡공(빡세게 공부하다)이고 우리 같은 돌탱이(머리 나쁜 인간)들한테는 다 개소리 잡소리지."

"야, 솔까말(솔직히 까놓고 말해서) 1등 한 놈이라고 해서 행복한 건 아니라고."

"머잉(무슨소리)?"

"그 새낀 담 시험에서 1등 뺏길까 봐 불안불안해서 밤마다 존나 쌩똥 싼다구."

"글쿠나(그렇구나)!"

"우와, 짱 진리 발견!"

"쓰바, 그러고 보면 인포인(인간이길 포기한 인간)인 우리가 차라리 더 행복한지도 모른다."

"야, 쩌기 저, 담탱이(담임선생) 온다."

"뜨자(가자)"

"그래, 야리나 한 대식 까면서(담배나 한 대씩 피우면서) 우리 행복 찾자."

"쓰바, 드럽게 웃프다(웃기고 슬프다)."

"아휴 짱나(짜증 나)."

"옘병, 아닥공이란다(아가리 닥치고 공부한란다)!"[1]

내가 '우리말 지킴이' 외솔 최현배 선생의 평전을 쓰는 이유 중의 하나이다.

단심가 '낙락장송'에서 '외솔' 호 지어

최현배崔鉉培(1894~1970) 선생은 외솔孤松이라는 자호에서 생애를 압축한다. '외로운 한 그루 소나무'라는 뜻의 외솔은 조선 초 사육신인 성삼문의 「단심가」에서 취한 호이다. 단재 신채호가 '일편단심'에서 단丹 자를 얻었듯이 최현배는 '낙락장송'에서 외솔을 땄다.

이 몸이 죽어 가서
무엇이 될고 하니
봉래산 제일봉에
낙락장송 되었다가
백설이 만건곤할 제
독야청청 하리라.

"봉래산 제일봉에 낙락장송 되었다가 백설이 만건곤할 제 독야청청 하리라."는 단심가의 절구처럼 외솔 선생은 '한글이 목숨'이라는 좌우명을 내걸고 이를 위하여 한눈팔지 않고 치열하게 살았다.

한국 시 문학의 금자탑이라 불리는 한용운 선사의 「님의 침묵」의 '님'이 민족·불타·민중·중생·불교의 진리 등의 복합적 가치로 해석되지만, 최현배 선생의 '임'은 곧바로 조국이었다. 그것도 식민시대의 조국이었다. 외솔은 일제의 감옥에서 「임 생각」이란 시조를 지었다.

임이여, 어디 갔노, 어디메로 갔단 말고
풀나무 봄이 되면, 해마다 푸르건만
어찌하다 우리의 임은 돌아올 줄 모르나

임이여, 못 살겠소, 임 그리워 못 살겠소.
임 떠난 그날부터, 겪는 이 설움이라.

임이여, 어서 오소서, 기다리다 애타오.

　최현배 선생의 '나라사랑'은 남달랐다. 정상배政商輩들이 내세우는 '애국심'과는 궤를 달리한다. 그래서 우리말 지킴이로 나서고, 우리말과 글을 지키고 살리고, 보급·연구하는 데 온통 생애를 바쳤다. 국어학자이자 국어교육자이고 국어운동가의 역할을 함께 하였다. 그는 '나라사랑'(독립) 운동의 으뜸을 우리말과 글을 지키는 데 두었다. 백암 박은식이 "나라를 빼앗겨도 역사(국사)만 지키면 반드시 독립할 날이 온다"고 한 말과 맥을 같이 한다.

　시인 조지훈이 6·25전쟁 때 종군작가단의 일원으로 피난지 대구에서 하루의 업무를 마치고 지인들과 어울려 허술한 주막에서 술을 마시고 취한 김에 유행가 가락을 뽑았다.

　이때에 순찰 중이던 군인 장교들이 들이닥쳐 공포를 쏘며 "지금이 어느 때인데 후방에서 작가란 자들이 고성방가이냐!" 라고 고함을 질렀다. 모두들 겁에 질려 놀랐을 때 조지훈이 책임자인 장교의 뺨을 갈기며 "이놈, 너희는 애국을 총으로만 하는 줄 아느냐!"라고 대갈일성하자 군인들은 꽁무니를 빼더라는 비화가 전한다.

　망국 시절, 애국의 길은 여러 방법이 있었다. 총을 들거나 붓을 들고 왜적과 싸우는 일도 중요했지만 최현배 선생처럼 우리말과 글을 지키고 연구하는 작업도 못지않았다.

　선생은 그 혹독했던 1926년 「조선민족 갱생의 도」를 발표하고, 1927년에는 동인지 『한글』을 펴내면서 한글날을 선포하는 등 우리말(글) 지키는 독립투쟁을 벌이고 감옥에 갇혔다. 그래서 뒷날 「한글날 노래」를 지을 수 있었다.

강산도 빼어났다 배달의 나라
긴 역사 오랜 전통 지녀온 겨레
거룩한 세종대왕 한글 펴시니
새 세상 밝혀 주는 해가 돋았네
한글은 우리 자랑 문화의 터전
이 글로 이 나라의 힘을 기르자

볼수록 아름다운 스물넉 자는
그 속에 모든 이치 갖추어 있고
누구나 쉬 배우며 쓰기 편하니
세계의 글자 중에 으뜸이로다
한글은 우리 자랑 민주의 근본
이 글로 이 나라의 힘을 기르자

한겨레 한맘으로 한데 뭉치어
힘차게 일어나는 건설의 일군
바른길 환한 길로 달려 나가자
희망이 앞에 있다 한글 나라에
한글은 우리 자랑 생활의 무기

이 글로 이 나라의 힘을 기르자

외솔의 '나라사랑' 정신

최현배 선생의 '나라사랑' 정신은 남달랐다. 일제강점기와 해방 후가 다르지 않았다. 조선어학회 사건으로 1942년 10월 1일 일경에 검거되어 흥원경찰서와 함흥형무소에서 혹독한 고문을 당하였다. 그리고 해방되던 해 1월 16일 함흥지방법원의 예심 종결로 징역 4년형을 선고받았다. 많은 학자·언론인·작가 등 사회 명사들이 줄줄이 친일변절의 길을 걸을 때 그는 한글을 지키다가 구속되어 해방 뒤에야 석방되었다. 「나라사랑」의 시에서 외솔의 정신을 찾는다.

아세아 밝은 동쪽 살기 좋은 땅
한배님 나라 세워 끼쳐주시니
배달의 겨레 살림 반석이 굳다

백두산 높은 영봉 반공에 솟고
고구려 굳센 얼이 혈관에 뛰니
생기가 넘쳐 난다 삼천만 겨레

바치자 무한 사랑 한배 나라에
이루자 밝은 누리 겨레의 이상
태백은 인간 복락 근원이란다

외솔은 우리말의 중요성을 거듭거듭 강조한다. 『한글갈』의 한 대목이다.

> 말은 그 겨레의 정신이요 생명이라. 정신이 없는 몸뚱이가 살아갈 수 없으며 흥해갈 수 없음도 또한 당연의 사세이라 아니할 수 없다. 그리하여, 이 세상에는 말이 쇠함을 따라 그 임자인 겨레가 쇠하며 말이 망함을 따라 그 임자인 겨레가 또한 망함을 나타내는 실례가 없지 아니하니, 만주 말과 만주 겨레가 곧 그것이다.

일제와 그 앞잡이들이 그토록 우리말과 글을 없애고자 했던 것은 "말이 쇠함을 따라 그 임자인 겨레가 쇠하"기 때문이었다. 오늘날 영어공용어론자들이나 한자병기론자들의 의식에는 이같은 일제 혹은 중화제국의 잔재가 남아 있는 것인지도 모른다.
　해방 후 외솔 선생은 학자·연구 영역을 넘어 경세가의 모습을 보여 주었다. 본문에서 차차 소개하기로 하고, 여기서는 「나라 흥성의 법칙」을 소개한다.

> 가. 국민의 생기가 왕성한 나라는 흥성한다.
> 나. 군사적 우수성을 가진 겨레가 나라를 크게 일으킨다.
> 다. 창조력, 문화의욕이 왕성한 국민의 나라는 흥한다.
> 라. 조직력, 정치력이 센 겨레는 나라의 흥률을 가져온다.
> 마. 일치 단결력이 세찬 국민은 일어난다.

바. 부지런한 국민은 일어난다. 경제관념이 착실하고 경제적 기술을 소중히 하는 국민은 흥성한다.

사. 그 성질이 검질긴強靭 국민은 흥한다.

아. 유리한 땅을 차지한 겨레는 흥한다.

자. 도덕심이 굳건하고 공공정신이 센 국민은 흥성한다.

영어 배우기 광풍이 이 땅을 휩쓸고 알게 모르게 영어공용화론이 세력을 더해가는 시대에 외솔 선생과 일군의 한글지킴이들의 헌신과 나라사랑 정신이 돋보인다. 우리 사회는 군사독재와 이명박·박근혜 정권을 거치면서 여러 가지 적폐가 산더미같이 쌓였다. 그중에는 사대주의와 영어에 관한 도를 넘는 집착도 적폐의 하나일 것이다.

영어를 공용어로 하자는 주장의 이면에는 감당하기 어려운 망상이 도사리고 있어 사태가 심각하기 때문이다. 그것은 강대국의 세계제패 음모에 말려들어 생긴 자아상실의 증후여서 겉으로 내세우는 말의 타당성 여부를 따지고 말아서는 타격을 받지 않는다. 세계사의 방향을 바로잡는 투쟁이 지구 전체의 범위에서 벌어지는 데 동참해야 해결책이 생긴다.

인류역사는 강대국의 횡포에 맞서는 피해민족 저항의 역사로 전개되어 왔다. 제국주의 시대가 시작되면서 그 싸움이 한층 격렬해지고 생활의 전폭으로 확대되었다. 지금의 초강대국 미국 중심의 세계화를 언어 사용에까지 받아들이라는 압력이

거세게 밀어닥쳐 민족문화의 위기를 촉발하고 있는 것이 사태
의 본질이다.[2]

한글학회 연구위원 박용규 박사는 외솔 선생의 생애를 정밀
하게 요약한다.

최현배는 일생을 우리 말글의 연구와 보급에 바침으로써 우
리나라 최고의 국어학자가 되었다. 동시에 그는 해방 후 독재정
치를 비판한 사회사상가로서 일생을 보냈다. 그는 학문을 위한
학문을 하지 않았다. 부조리한 현실의 개혁을 위해 학문에 매
진하였다. 그의 학문에는 실천성이 담보되어 있었다. 그의 저서
는 절체절명의 위기의식의 산물이었다. 『우리말본』과 『한글갈』
등 수많은 우리 말글 연구는 일제의 조선어 말살에 대항하고자
나왔다. 『나라사랑의 길』과 『나라 건지는 교육』은 이승만 정권
의 부정부패와 한국 교육계의 부패를 비판하면서, 이의 타개책
을 제시하였다. 그는 우리 민족의 선지자였던 것이다.[3]

16

한글 나라 한글 세상을 만든
선각자, 최현배 선생

박용규

(고려대학교 한국사연구소 연구교수, 『조선어학회 항일투쟁사』 저자)

나라와 민족을 사랑하는 인사는 제 말을 제 글로 쓴다. 제 글이 바로 한글이다. 한자는 중국글자다. 한글이 나오기 전에는 한자가 나라글자 노릇을 해 왔다. 그러나 세종대왕이 훈민정음(한글)을 창제하였다. 이후 우리 민족 대다수가 한글을 국문으로 사용하자, 19세기 말 고종 임금도 한글을 국문으로 인정하는 법령을 공포하기에 이르렀다. 한글이 우리나라의 공식문자로 격상되었다.

1896년 4월에 창간된 『독립신문』은 주시경 등의 주도로 전

국민의 의식 향상을 목표로 하였다. 주시경은 글쓰기에 있어서 한글전용, 띄어쓰기, 가로쓰기의 세 원칙을 주장하였다. 이 원칙들은 주시경의 일관된 주장이었고, 그의 제자들에 의해 계승되었다.

가로쓰기는 이미 구라파 전 지역에서 그 보편적 실용성이 입증되었다. 세로쓰기는 단지 한자가 기록된 죽간이 세로로 늘어진 데서 유래한 불편한 관습에 불과하였다. 주시경은 반봉건(반한자) 반제(반일어, 반일문)의 입장에서 한글전용과 가로쓰기를 주장하였다. 주시경의 수석제자인 최현배(1894~1970)가 이어받았다.

대일항쟁기에 조선총독부는 조선어 억압과 일본어 보급을 언어정책의 핵심으로 삼았다. 일제는 우리민족에게 일한혼용체의 일문과 국한혼용체의 이중문자 생활의 고통을 강요하였다.

일제의 조선어 말살 정책에 맞서 조선어학회는 우리말과 한글을 영구히 유지하는 언어 독립투쟁을 전개하였다. 최현배는 핵심 인물이었다. 그는 "말은 그 겨레의 정신이요 생명이라, 정신이 없는 몸뚱이가 살아갈 수 없으며, 흥해갈 수 없음도, 또한 당연의 사세라 아니할 수 없다. 그리하여, 이 세상에는 말이 쇠함을 따라 그 임자인 겨레가 쇠하며, 말이 망함을 따라 그 임자인 겨레가 또한 망함을 나타내는 실례가 없지 아니하니, 만주 말과 만주 겨레가 곧 그것이다"라는 언어 민족 일체관을 평생 지녔다. 동시에 조선 민족과 일본 민족은 근본적으로 다르고, 조선 민족은 불멸하다고 다음과 같이 주장하였다. '혈통·생활 근거지·언어·민족 특질·역사가 다르기 때문에 민족의 구별이 생긴 것이며, 민족이 소멸할 이理가 없다'고 자신의 민족 인식을 밝혔다. 독립운동의 대가는 혹독하였다. 최현배는 홍원경찰서와 함흥형무소에서 3년간 옥고를 치렀다.

최현배는 해방 이후에서 서거할 때까지 대한민국의 국어정책의 초석을 세웠고, 한글전용운동에 헌신하였다.

1946년 3월 2일 미군정의 자문기관이었던 조선교육심의회의 전체회의에서 초중등 교과서와 공문서의 한글전용과 우리글 가로쓰기를 통과시켰다. 조선교육심의회에 참여한 항일투사로 최현배, 장지영, 이극로가 참여하고 있었기에 가능한 조치였다. 이를 미군정청이 가결하여 교과서와 공문서의 한글전용이 시작되었다. 이것이 남한의 한글전용에 대한 최초의 공식 결의였다. 한글전용과 우리글 가로쓰기 주장은 1988년 한겨레신문이 실천하면서, 국어학자들의 주장이 옳았음을 입증하였다.

최현배는 일본어를 청산하기 위해 우리말 도로 찾기 운동도 전개하였다. 재미있는 일화로 최현배는 많은 일본말 가운데 '벤또辨當'라는 말은 기어코 '도시락'으로 고쳐야 한다고 주장하면서, 그 이유로 "만약 우리가 이 말을 버리지 못하고 여전히 따라 쓴다면 금후 수년 만에 오늘날 쫓겨간 일인이 다시 외국인으로서 우리나라에 나그네하여 올 적에 배에서 내리자마자 부산 정거장에서부터 이 저희들이 가르쳐 놓은 말 '벤또'를 듣게 될 것이니 이러한 일어식 조선말이 그네들 나그네의 첫인상에 얼마나 또 우월의 감회를 자아내어 주게 될 것인가? 이를 생각하면 우리는 기어코 고쳐야 하겠다."라고 설명하였다. 이와 같은 활동 때문에 일본어의 잔재가 그나마 신속히 청산될 수 있었다.

최현배는 한글전용운동의 전개에 매진하였다. 그는 전 국민의 문자 생활을 한글로만 쓰도록 하려고 국회에 이를 제안하여 국회로 하여금 '한글전용법'(1948)을 제정하게 하였다. 한글전용법은 대한민국 국민의 문자 생활의 방향을 제시한 역사적인 법률이었다. 1949년 5월 한글전용촉진회를 조직하였고, 그 위원장에 선임되어 계속 활동하였다. 한글전용을 강력히 주장한 대표 저서로 『글자의 혁명』(1947), 『한글의 투쟁』(1954), 『외솔고희 기념논문집』(1968), 『한글만 쓰기의 주장』(유고, 1970) 등을 남겼다.

이후 그가 일관되게 주장한 한글전용 주장은 박정희 정권의 국어정책에 반영되었다. 한글 나라의 실현은 그의 서거 이후에야 이루어졌다.

전 독립기념관 관장 김삼웅 선생이 『외솔 최현배 평전』을 저술하였다. 김 선생은 평생을 참 언론인으로 살아오셨고, 최근에는 안중근·이회영·함석헌·김대중 등 30명 이상의 인물들에 대한 평전을 저술하여 독립운동가와 민주화 투사들의 업적을 새롭게 발굴·조명하여 감동을 주었다. 이번에 저술한 『외솔 최현배 평전』을 통해 우리말과 한글의 소중함을 다시 한 번 일깨우고 있다.

기존 최현배 선생 연구로는 국어학자가 쓴 두 권의 학술서적과 몇 권의 단편적인 전기가 전부였다. 김삼웅 선생이 저술한

『외솔 최현배 평전』은 수많은 자료를 바탕으로 최현배 선생의
삶과 업적을 상세히 밝혀 놓았다. 최현배 선생에 대한 최초의
평전이 아닌가 싶다. 나라 사랑과 민족 사랑과 우리 말글 사랑
에 일관한 최현배 선생의 진면목을 확인할 수 있다. 국민 여러
분께 일독을 권하고 싶다.

차례

1장

출생과
성장·교육과정

울산에서 태어나 서울로 유학

최현배는 국내외 정세가 소연하던 1894년 10월 19일(음력) 경상남도 울산군 하상면 동리에서 아버지 최병수와 어머니 순화 박씨의 맏아들로 태어났다.

외솔은 경주 최씨 현실파의 울산지파에 속하는데 신라 최치원의 후손인 고려 때의 사람 최선지의 24대손이다. 외솔 집안의 계보에 기댄다면 외솔의 동기로는 아래로 남동생 최현구가 있었다. 부인 이장련 사이에 영해·순해·신해·철해의 네 아들을 두었으며 손자로는 동식 등 넷이 있다. 종교는 기독교의 장로파로서 세례를 받았다.[1]

최현배가 태어난 해는 동학농민혁명이 발발하던 때이다. 문호개방 이전부터 조선사회는 중세적인 통치체제의 모순에 대항하는 민란이 꾸준히 일어났다. 여기에 더해 1876년 강제개항이 이루어진 이래 일본의 경제적 침투가 계속됨에 따라 농민생활은 더욱 타격을 입게 되었다. 더욱이 지배층의 부패와 관리들의 탐학이 심해지면서 전국 각지에서 민란이 속출하였다. 이 즈음 최제우의 '시인천侍人天'의 교리를 내건 동학의 포교가 빈곤과 학정에 시달리는 백성들에게 널리 받아들여져 전라도 고부를 중심으로 동학농민혁명으로 발화되었다.

최현배는 아버지의 보살핌으로 6살에 외숙이 가르치는 마을 서당에서 글공부를 열심히 하여 마을 어른들로부터 총명하다는 칭찬을 들었다. 7살에 아버지를 여의고 홀어머니 밑에서 성장한다. 11~12살에 바둑에 재미를 붙여 이웃마을 사람들과 경기를 하여 늘 이겼다.

14살 때에 서당이 폐쇄되자 일신학교日新學校에 입학하여 3학년까지 다니며 신식교육을 공부하였다. 이곳에서 『사서삼경』은 물론 『초등 산술교과서』를 배웠다. 수학에 흥미를 느꼈으며, 그 실력이 인정되어 다른 반의 아이들을 가르치기도 하였다.

1910년 4월 12일(16살), 서울로 와서 관립 한성고등학교에 입학한다. 다른 학생들은 대부분 사립학교에 진학했으나 최현배는 일본에 유학을 갈 계획으로 동향 선배들의 권유를 받아들여 관립을 택한 것이다.

본인의 얘기를 직접 들어보자.

내가 열 네 살 되던 봄에 우리 면에 새 교육의 기관으로 사립 일신학교日新學校가 창설되어, 나는 다른 서당 동무들과 함께 서당을 걷어치우고 모두 이 새 교육의 곳 '학교'로 옮았다. '학교'란 참 신통한 곳이었다. 양숫자도 배우고 체조도 일본말로 배웠다. 한문으로는 오늘의 대학교보다도 높고 산술 이의의 다른 새 교육의 학과는 오늘의 국민 학교보다 낮았다. 나는 여기서 삼 년간 공부하였다.

　산술은 특히 나의 좋아하는 학과이었다. 극히 어려운 사칙 문제(유일정 저『초등산술교과서』)를 낱낱이 분식하여 털끝만한 모호와 의심도 남기지 않고 밤이 깊도록 나의 필기장에 정리하였다. 그 책의 지은이는 그 책 이름에다가 어째서 초등이란 매 김말을 씌웠는지는 모르지마는 그 종단終段의 문제 같은 것은 오늘의 고등학교 학생 내지 선생도 산술로는 매우 풀기 어려운 것으로, 내가 중학교 교원 시대에 수학 선생에게 보였더니 그도 산술로는 풀지 못함을 보았다. 나는 이 산술 공부에서 나의 공부하는 태도와 방법을 세웠고 일생의 학문 연구의 근본을 닦았던 것이라고 생각하고 있다.[2]

　최현배가 들어간 관립 한성고등학교는 우수한 졸업생을 관비로 일본유학을 보내는 특전이 있었다. 75명 모집에서 1,200여 명이 지망할 정도로 힘든 입학이었지만, 그는 거뜬히 합격했다. 그러나 그해 나라가 망하면서 학교 이름도 경성고등보통학교로 바뀌고 교장도 일본인으로 교체되었다. 학교에서 공부에 만족을 느끼지 못한 최현배는 사립학교에 다니는 학생들과 자주 어울렸다.

　그러한 학생에 외종형 박필주와 그의 친구이면서 동향 선배인 김두봉金枓奉이 있었다. 외솔이 한성고등학교에 입학한 것은 이들의 권유와 지도에 의하였으나, 나라가 망한 뒤에 여러 가지로 이들에게 도움을 받았다.[3] 참고로 김두봉은 한글학자, 임시 정부 의정원의원, 조선독립동맹주석, 해방 후 월북, 북조선노동 당 중앙위원장 등을 지내고 1958년 '8월 종파사건'으로 숙청된 인물이다.

주시경 선생 만나 우리말 연구 각심

최현배의 동년배들이 대부분 그러하지만, 이들은 동학혁명기 에 태어나 십 대에 구식 서당이나 신식 학교를 오가면서 망국 을 겪어야 했다.

극심한 정체성의 혼란은 물론 진로를 두고 크게 고민하지 않 을 수 없었다. 최현배에게 행운이었던 것은 1910년 봄, 그러니 까 국치 직전에 박필주와 김두봉의 권유로 상동 예배당에서 열 린 주시경 선생의 국어강습회에 참석하여 한글에 흥미를 갖게 된 것이다.

이때 만난 주시경 선생의 영향으로 평생을 한글과 우리말을 지키고 연구하는 데 바치게 되었다.

나는 이 학교에서 삼 년 동안 배우면서 가르치기도 하다가, 구한국 융희隆熙 4년에 서울의 관립 한성 고등 학교에 입학하 였다. 이 학교에 들어가게 된 것은 당시 동향 선배들의 지도를 따른 것이니, 그 목적은 졸업 후 일본으로 관비 유학 가기에 있었다. 이 학교는 그 해의 한일 합병의 결과로 사람과 함께 이름도 갈리어 경성고등보통학교로 되었다(그 뒤에 갈리고, 갈리어 오늘의 경기중고등학교가 되었다).

나는 이 중등 학교에 다니게 된 때부터 동향 선배 김 아무를 따라 박동 보성 학교에 차린 주시경 스승님의 조선어 강습원에 일요일마다 빠지 않고 '조선어'를 배우러 다녔다. 이 강습원에 다님으로 말미암아 나는 주 스승에게서 한글을 배웠을 뿐 아니라 우리말 우리글에 대한 사랑과 그 연구의 취미를 길렀으며 겨레 정신에 깊은 자각을 얻었으니, 나의 그 뒤 일생의 근본 방향은 여기서 결정된 것이었다. 나는 주 스승에게 배우고 또 배워, 가위 그 당堂에 들어갔다고 할 만큼 되었다.

나는 이 강습원에 걸쳐 육 년 동안이나 다녔으며, 오 년째 되던 여름에는 주 스승의 특별하신 부탁을 받고서 동래군 동명 학교에서 열리는 하기 강습회를 맡아 가르치는 도중에 천만 뜻밖에 주 스승의 돌아가셨다는 부음을 듣고 강습생들과 같이 통곡하였다.

내가 서울서 동래로 떠날 적에 주 스승께서 나의 사관舍館까지 오셔서 잘 가르치고 오라고 부탁한 말씀은 아직도 나의 가슴에 새겨져 있다. 나는 스승의 부탁에 따라 우리말 우리글을 오늘날까지 갈고 닦고 가르치고 또 가르치고 있는 것이니, 이 사명을 다한 뒤에는 스승에게로 돌아가서 복명을 할 작정이다.[4]

최현배의 생애에 가장 큰 영향을 준 사람은 스승 주시경周時

28

經(1876~1914)이다. 황해도 봉산 출신으로 배재학당을 졸업하고 1896년 독립협회에 참여한 데 이어 서재필의 『독립신문』에 교정원으로 일하면서 협성회를 창립하여 『협성회보』를 발간하고, 조선문동식회朝鮮文同式會를 결성, 한글 기사체의 통일과 연구에 힘쓰는 한편 여러 학교·강습소에 다니면서 한글을 가르치고 보급에 온 힘을 쏟았다.

주시경은 1907년 어윤적·이능화 등과 함께 학부學部의 국어연구소 위원이 되었다. 1908년 『국어문전음학國語文典音學』을 저술한 데 이어 1910년에는 『국어문법』을 지었으며, 최남선이 광문회를 개설하자 여기서 펴내는 국어관계 서적의 교정과 『말모이』(국어사전) 편찬을 담당하였다. 그리고 틈틈이 학교와 교회당을 찾아 학생들에게 우리말과 글을 가르쳤다. 최현배와 만난 것은 이 무렵이다.

또 한 사람은 앞에서 잠깐 소개한 김두봉이다. 최현배와 김두봉은 주시경 선생에게서 동문수학한 사이로서 해방 후 남북한에서 각기 국어정책을 주도한 인물이 되었다. 해방후사는 뒤로 미루고 여기서는 두 사람의 관계를 소개한다.

1913년 3월 2일 배달말글몯음(나중에 '한글모'로 이름이 바뀜)의 조선어강습원 고등과 수료식이 있었다. 강사인 주시경으로부터 졸업증서를 받은 졸업생 33명 가운데 동래 출신의 김두봉(1889년생)과 울산 출신의 최현배(1894년생)가 특히 눈에 띈다. 나이는 김두봉이 다섯 살 많았지만 같은 경상남도 출신이라는 이유로 둘은 절친한 사이였다. 최현배가 주시경의 한글 강습에 처음 나가게 된 것도 김두봉이 권했기 때문이었다. 주시경이 자신의 가르침을 받은 제자들을 중심으로 만든 국어연구학회國語硏究學會 산하 강습소의 2회 졸업생(1911) 명단에도 김두봉과 최현배의 이름이 적혀 있다. 두 사람은 1910년에 강습소에 같이 입학했고, 그 뒤 4년 정도 주시경 문하에서 같이 한글을 공부했다. 이 기간 동안에 두 사람은 나란히 주시경이 가장 사랑하는 제자로서 주시경의 문법이론과 언어민족주의를 배우게 되었다.[5]

최현배는 "언어가 민족의 얼이라고 본 언어민족주의자"[6] 주시경의 가르침을 받으면서 민족의식에 눈을 뜨기 시작했다. 그리고 스승과 함께 한글운동을 민족운동과 결합하는 일에 동참한다.

주시경의 삶과 활동에 대해서는 이미 많이 밝혀져 있다. 여기서는 특히 두 가지에 주목하려고 한다. 하나는 새로운 세대에게 언어민족주의를 심어주는 데 주력했다는 것이다. 일종의 사설 학원인 강습소와 강습원, 그리고 정규학교에서의 한글 교육이 바로 그것이다. 이러한 활동을 통해 언어민족주의에 눈을 뜬 한 무리의 젊은이들이 한글의 연구와 보급을 통해 나라를 되찾겠다는 뜻을 실천으로 옮겨나갔다.

다른 하나는 한글 운동을 다른 민족 운동과 결합시키려 했다는 것이다. 주시경이 조선어강습원 원장 남형우를 비롯한 배달말글몯음 회원들과 함께 집단적으로 대종교에 입교한 것은 이를 잘 보여준다. 김두봉과 최현배도 대종교에 입교한 것이 확인된다. 김두봉은 대종교의 유력한 간부로 활동하면서 1916년 대종교를 만든 나철이 황해도 구월산에서 자결할 때 그를 수행했다. 최현배도 경성고등보통학교에 재학할 때 담임 선생이 말리는 데도 몰래 다니며 경전을 손수 베껴 읽을 정도로 대종교에 빠져 있었다.[7]

최현배는 김두봉과 함께 스승의 길을 좇아 대종교에 입교하였다. 대종교는 나철羅喆에 의해 창도된 단군 숭배사상을 기초로 한 우리 민족 고유의 종교이다. '대종大倧'이란 삼신三神 즉 환인·환웅·환검(단군)을 가리킨다. 일제의 가혹한 탄압으로 나철이 구월산에서 자결하고, 교단의 총본사를 만주로 옮겨 독립운동의 모체 역할을 하였다.

주시경은 한글운동과 함께 1914년 독립운동 동지들이 수감되자 해외 망명을 계획하던 중 급환으로 서거하였다. 38세의 젊은 나이에 유명을 달리했지만 최현배·김두봉·이규영·장지영·이병기 등 기라성 같은 제자들을 남겼다.

일본 유학, 교토대학에서 교육학 전공

최현배가 중학교 4학년 때인 1913년 어머니가 돌아가셨다. 7살 때에 아버지를 잃고 19살에 어머니마저 여읜 고아가 되었다. 모친을 잃은 애통함이 심했던지 크게 병을 앓아 휴학을 하고 1년간 시골집에서 요양하였다.

이듬해 복학한 최현배는 1915년 3월 경기고보를 졸업하고 단 한 명의 관비유학생으로 선발되어 4월 12일 히로시마고등사범학교 문과제1부에 입학하여 일본문학과 한문학을 배우며 교육학을 정구과목으로 정하고 공부를 시작한다.

학교를 졸업하매 그 해 단 한 사람의 관비 유학생으로 내가 뽑히기는 하였다. 그러나 그간에 나라가 없어지고 학교의 주인이 바뀌었고 해서 그 유학 가라는 데는 일본 히로시마 고등 사범 학교의 일어 한문과이었다. 나는 뜻아닌 학문을 할 것인가에 관하여 많은 고민을 하다가 필경에는 좌우간 가아 놓고서 보자고 결정하고 유학을 갔다.

나는 사 년 동안 이 학교에서 일본 문학과 한문학을 배우며 또 특히 교육학을 정구과목精究科目으로 정하였다. 나는 재학 중에 조선 총독부에 불리어 사상 불온의 탓으로 톡톡히 설유를 들었다. 당시 학부국장 세끼야, 시험관 우에다는 특별한 넓은 금도를 보이노라고 나를 유학 취소까지는 하지 않았다. 졸업할 해의 봄에는 고종 황제의 돌아가심을 듣고 여러 학우들과

함께 히로시마의 산에 올라가아 멀리 서북 하늘을 바라보고서 망제望祭를 지내었다.[8]

1919년 3월 1일 국내에서는 거족적인 독립혁명의 불길이 타올랐다. 이에 앞서 도쿄에서는 유학생들의 2·8독립선언이 이루어졌다. 도쿄에서 거리가 먼 히로시마에서 유학중이던 최현배에게는 연락이 되지 않았던 것인지, 소식을 몰랐던 것 같다.

3월 말 일본 유학을 마친 최현배는 귀국하였다. 관비 유학생은 의무적으로 고등보통학교 훈도(교사)로 일정기간 근무가 규정되어 있었다. 하지만 그는 칭병을 하고 고향에 머물렀다. 그후 1920년 우리말 교육과 인연이 있는 동래군의 사립 동래고등보통학교에 들어가 우리말을 가르쳤다.

관립학교에 취직하면 일제 식민정책의 앞잡이가 된다고 믿어 사립학교를 택한 것이다. 여기서 『우리말본』의 초고를 지었다. 망국 청년교사의 고뇌가 깊었다.

나는 학소대鶴巢臺 아래에서 홀로 거처하여 궁리에 궁리를 거듭하였다. 여기서의 아이들 가르침은 나의 무한한 기쁨이기는 하였지마는 나는 이것으로 만족할 수가 없었다. 어떻게 해야만 이 가련한 망국 백성을 자유민으로 건져낼 수가 있을까. 나라의 독립 자유를 얻자면 모름지기 먼저 민족을 개조하고 사회를 개조하여야 하겠다. 이 거룩한 어려운 사업을 하려면 나는 먼저 더 배워야 하겠다. 이에 나는 뜻을 결하고 사회 진보의

원리, 사회 개조의 방책 들을 연구할 목적으로 다시 일본 유학
의 길을 떠나 일본 교오또 대학에 입학함을 얻었다.[9]

최현배는 다시 일본 대학의 유학을 결심한다. '사회 개조'의
뜻을 펴기 위해서는 적국으로 들어가 근대문명을 배우고 깊은
학문을 해야 한다고 작심한 것이다.

1922년 1월 일본으로 건너간 최현배는 히로시마의 모교 연
구과에 들어가 공부하다가 그해 4월 교토대학京都大學 문학부
철학과에 입학하여 1925년 3월까지 교육학을 전공한다. 여기
서 페스탈로치의 인격과 사상에 감화를 받고 교육학을 전공하
기에 이른다.

나는 여기서 대학원까지 사 년 동안을 공부하였다. 그러나
나의 전공 과목은 사회학에서 다시 교육학으로 되돌아가게 되
었으니, 그 까닭은 사회학이란 학문이 그 연구 대상의 범위가
너무 넓고 그 연구의 길이 너무나 가닥스럽기多岐的 때문에 새
로 전공하고자 하는 나에게 대하여서는 시간과 노력의 요청이
매우 클 뿐 아니라 민족 개조 사회 개량의 근본책이 교육에 있
음이 더 절실히 느껴졌으며, 또 우리말 연구의 부전공의 목적
을 위하여 언어학 공부가 나에게 많은 시간의 할애를 요청함이
있고, 더구나 교육학은 히로시마 사 년간에 많은 적공이 있는
편의성도 있었기 때문이었다.

나는 사 년간 철학·윤리학·사회학·심리학을 배우면서 교육

학을 전공하였다. 페스탈로찌의 인격·사상·사업을 양모하고 그 학설을 연구하여 장차 페스탈로찌의 교육학을 체계세우고자 하는 학문의 목적 아래에서 그에 관한 초보적인 졸업 논문으로 「페스탈로찌의 교육학」을 썼던 것이다. 대학을 마치자 나는 교오또·오오사까의 교육 단체의 초청을 받아서 페스탈로찌의 강연을 수차 하였다. 고국에 돌아가서는 '조선의 페스탈로찌'가 되겠다는 것이 나의 포부이었다.[10]

최현배는 교토대학에서 4년을 마치고 1년간 더 체류하면서 연구를 계속하는 한편 나라奈良 외국어학교에서 한국어를 가르쳤다. 이 기간 조선민족사회의 개조를 위한 장문의 논문 「조선민족 갱생更生의 도道」를 졸업논문으로 집필하고 귀국하였다.

2장

'조선민족
갱생의 도'
집필

일본에서 '조선민족 갱생의 도' 쓰다

최현배는 일본 유학을 마치고 1년을 더 체류하면서 나라 지방의 한 시골마을에서 「조선민족 갱생의 도」를 졸업논문으로 썼다. 갱생更生이란 '다시 산다'는 뜻이다. 적국에서 식민지 조국의 '갱생(해방)'을 탐구하는 내용이다. 1926년 9월 26일부터 이듬해 12월 26일까지 66회에 걸쳐 『동아일보』에 연재하고, 1930년 단행본으로, 1971년에는 정음사에서 정각본으로 간행되었다. 지은이는 『조선민족 갱생의 도』의 중간 머리말에서 확고한 인생관과 민족관을 밝힌다. 32살에 쓴 대 논설이다.

최현배는 책의 서두에서 다음과 같이 물음을 던진다.

나라 잃은 백성으로서 정복자의 압제 정치 아래에서 목숨을 살면서 공부를 하자니 압박과 설움, 수치와 통분 속에서, 현재를 견디며 장래를 근심하기에, 남모르는 마음의 고생은 끊일 날이 없었다. 살기는 무엇을 위해 살며, 공부는 무엇을 위하여 공부하는가?

같은 물을 마시고도 소는 젖을 만들고 뱀은 독을 만든다고 했다. 비슷한 시기에 일본에 유학했던 이광수는 「2·8독립선언서」를 쓰고 상하이로 망명하여 『독립신문』의 주필·사장을 지내다가 훼절, 귀국하여 1922년 5월 『개벽』에 「민족개조론」을 발표했다. 조선민족의 열등성을 열거하면서 민족해방운동이나 독립운동의 무용함을 지적, 해방투쟁을 포기하도록 설득하는 내용이다.

이광수의 「민족개조론」이 1922년에 발표되었으니, 최현배는 일본에서 혹시 이 글을 읽었을지 모르고, 이를 반박·비판논거로써 「조선민족 갱생의 도」를 지었던 것은 아닌지, 추론이다. 이광수의 글이 민족사의 부정적인 시각이라면 최현배의 논설은 그야말로 '갱생'을 추구하는 담대한 내용이다.

최현배는 이 책을 출판하면서 「머리말」에서 간행 이유를 밝힌다.

첫째, 조선을 위하여 일해 보겠다고 생각하는 청년 학생들이 먼저 조선 자체를 역사적으로 또는 현실적으로 이해하는 데에 반드시 도움이 될 것이요,

둘째, 어느 민족이건 그 흥망 성쇠가 한갓 자본주의나 사회주의라는 사회 조직에 기인한 것이 아니라, 생기生氣의 성약盛弱에 있으므로 능동적 분투, 창조적 활동에 달려 있으니, 조선 생명의 발등의 대정도人正道는 바로 여기에 있다는 소신에서 이를 우리의 청년 동포에게 외치고 싶음이요,

셋째, 시대의 진운과 문화의 발달에 도움을 준다는 뜻에서 정성과 견식을 다하여 민족적 갱생의 근본 도道를 제시해 본다는 것이다.[1]

최현배는 30대 초반에 '민족갱신'의 방안을 제시할 만큼 학문적으로 온축이 되어 있었다. "외솔은 교육학, 심리학, 서양철학사 다음으로 인도철학사와 지나철학사를 배웠으며 윤리학, 미학 미술사, 종교학, 사회학에 관한 지식도 섭취하였다. 이러한 지식체계가 외솔의 초기사상의 결정이라 할 수 있는 『조선민족 갱생의 도』에 어떻게 반영되어 민족개조사상이 형성되는가"[2]를 살피게 한다.

최현배는 이 글(책)의 첫째 장에서 민족적 '질병'을 진단하고, 둘째 장에서 민족적 '쇠약증'의 원인을 규명하고, 셋째 장에서 민족적 '갱생의 원리'를 제시한 뒤 마지막 장에서 민족적 '갱생의 노력'을 제기한다.

최현배의 이 글은 나폴레옹의 침략에 국민적 저항을 호소한 독일의 피히테의 「독일 국민에게 고함」에 비유될 만큼 발표 당시 식민지 조선 청년들에게 감동을 주었다. 글의 한 대목을 소개한다.

생기 있다, 펄펄하다, 씩씩하다, 굳세다, 다구지다, 단단하다, 울뚝불뚝하다, 욕됨을 안다, 분함을 안다, 반항할 줄 안다, 죽을 줄을 안다, 용자勇者, 앎이 있고 슬기가 있다, 뜨겁다, 쩔쩔

끓는다, 짜다, 매운 후추, 사자獅子, 범, 새빨갛다, 시커멓다, 미덥다, 부지런하다, 날래다, 모험성이 있다, 진취성이 있다, 굳세다, 착실하다, 질소하다, 강건하다, 결단성이 있다, 시종여일하다, 평생일심이다, 조직성이 있다, 단결력이 강하다.[3]

망국의 병세 열 가지 진단

최현배는 이 글에서 '망국의 병세'로 열 가지를 진단한다.

> (1) 의지의 박약함: 쇠약증에 걸리고 보니 의지가 아주 박약해져서 소난小難을 감내하기 어려웁고, 소사小事라도 완성하기가 어렵다는 것은 너무나 의당한 일이다. 그런데 우리 사회에는 몇 가지 실례로 보아서도 박지약행薄志弱行의 현상이 자못 많은 것을 슬픈 사실이라고 지적하였다. 확호부동한 의지로써 초지를 관철하고야 마는 사람이 퍽 적다는 것이다.
>
> (2) 용기의 없음: 분투성이 없으며, 모험성이 없으며, 반항심이 없다는 것은 생활력이 쇠진한 자의 특징이라 한다. 예로부터 충신·의사·열녀들이 그 목숨을 털같이 보아 버린 것은 용기가 있기 때문에 치욕을 그냥 받아들이지 못한 때문이라 한다.
>
> 그래서 아주 노골적으로 우리 조선 사람들은 쳐들어오는

적을 방어할 생각은 아니하고, 항상 어디를 가야만 피란을 할까 할 뿐이라 하였으니, 일제 치하에서는 대담한 말이다.

(3) 활동력의 결핍함: 우리 조선 사람이 다른 것은 하나 남보다 나은 것이 없으되 게으르기 하나는 세계에서도 둘째 가라면 설워할 지경이라고 아주 비꼬아 댔다. 노동은 대기물人忌物로 삼아 온 처지에 상공업이 발달하지 못했고, 일상 생활의 필수품마저 남의 손에 의하여 만들어진 것이 한탄스러웠다. 필경 삼천리 강산의 양전옥답良田玉畓의 태반이 저 근면한 시종꾼의 손으로 다 들어가 버리고 말았고, 정신적 방면에도 또한 극도의 황폐에 빠져 서양의 신문명을 수입하기에 등한한 탓으로 일본 국민에게 능멸을 당하였다고 외쳤다.

(4) 의뢰심의 많음: 의뢰심은 기력이 쇠약한 자에게 필연적으로 일어나는 심경이라는 전제 아래, 이조 때부터 전해 온 족전族錢의 폐단을 지적하였다. 궁하면 친족에게 의뢰하는 폐인은 하나의 고질이었다. 그러기에 기골이 있는 남아는 총히 남에게 의뢰하는 것을 수치로 알아야 한다 하면서, 민족적으로 상부상조하여 가야만 할 도리야 밝기가 일월에 지지 아니한다. 그러기에 근대 정치사상에 친청파·친일파·친로파라는 당파싸움이 바로 의뢰심의 구현이라고 지적하였다.

(5) 저축심의 부족: 활동성이 결핍하며 의뢰심이 풍부한 사

람에게 저축심이 부족한 것은 당연한 현상이다. 저축이
란 자본주의 사회의 한 죄악이라는 사상은 일리 없는 바
도 아니지만, 우리 조선 민족이 전체적으로 보아서 생의
발전욕의 발로인 저축심이 태소太小함을 걱정한다고 풀이
하였다. 그런 중에도 유흥과 사치를 크게 경고하였다.

(6) 성질의 음울함: 쇠약의 증세로 성질이 음울해지기 마련인
데, 여기에는 특히 늙은이가 젊은이의 활력찬 기상을 이
해하지 못한 점을 아쉽다고 지적하였다. 조상을 위하고
봉사奉祀를 중히 함은 가하나, 다만 체면을 유지하기 위하
여 외면적 형식에 노예가 되는 일이 없어야 한다는 것이
다. 요컨대, 우리의 생활은 진취적이 아니고 회억적回憶的
이라는 것이다.

(7) 신념의 부족함: 자기에 대한 신념이 박약하여 불안의 중
에 있게 되었는데, 그 증세가 점차 만연하여 타인에 대한
신념까지도 없어짐을 한탄하였다. 자신이 적으며 남을 불
신하고 의아하며 시기하고 음해하는 가중할 사실史實을
지적하고, 당파의 싸움에 빠져 일치 단결의 힘이 없어졌
으니, 이는 과연 망국만의 특징이겠다.

(8) 자존심의 부족함: 여러 가지 취약脆弱에 따라 자존심을 잃
어버리고, 이는 또한 집권자의 악의적 암시에 인하여 더
욱 인멸하여져 갔다고 하였다. 그러나 자존심의 소멸은
현실적 이지적 소비이요, 자존심의 추락은 인격적 파멸을
의미한다고 경고하였다.

(9) 도덕심의 타락: 위에 말한 8개 조항은 모두가 도덕적 타락을 말한 것이지만, 여기에는 특히 공사에 관한 도덕심을 말하려는 것이다. 도덕은 인류 사회의 진정한 생활 의지의 발로이니만큼 공사_{公私}의 별_別이 없을 것이나, 특히 사회와 민족과 국가의 견지에서 여러 가지 타락과 부정을 지적한 것이다.

(10) 정치 경제적 파멸: 정치란 인간 최요_{最要}의 권병_{權柄}이 없어졌으니 더 말할 것도 없거니와, 생활의 기초가 되는 경제도 파탄을 일으키어 농지_{農地}도 다수 일본인의 독점_{獨占}이 되어버렸음을 지적하였다.

민족적 쇠약증세의 근원 분석

최현배는 조선민족의 쇠약증의 병세를 진단한 데 이어 병의 치료를 위하여 그 병의 근원적 유래를 적시한다.

(1) 이조 5백년간 악정: 이태조는 왕손 만대의 영관_{榮冠}을 위하여 무용_{武勇}을 좌절하고 문_文을 숭상한 나머지에 문약의 폐를 자아냈다는 것이다.
이는 이태조의 정책만도 아니겠지만, 어쨌든 이 문약으로 인하여 어모존엄_{禦侮存嚴}의 용기와 근로역작_{勤勞力作}의 기풍이 감쇄되었다 함은 그럼직도 하다.

(2) 사상 자유의 속박: 유교를 숭상한 나머지에, 불교·도교·기독교·천도교를 배제한 나머지에 사대·수구·침체·위축의 여파를 일으키었다는 것이 어느 의미에서 사실이다. 그런 중에도 인·의·예·지와 효재충신의 덕은 국민의 지표이었으나 그 실효를 충분히 거두지 못하고, 정주학程朱學에 치우친 나머지 사상의 자유를 일으키지 못했다는 것이다.

(3) 자각 없는 교육: 유교의 정서를 주로 하고 모국의 문학이나 역사의 교육을 소홀히 했다는 것은 참 아쉬운 일이었다. 자아의 발견을 못한 사람이 자아 생활의 발달에 대하여 하등의 용력과 비정費精이 없었음은 당연한 귀결이다.

(4) 한자의 해독: 한글의 선각자로서 이 점을 강조한 것은 지당하다. 그러나 한자가 원시적 미발달의 문자라고 한다거나, 우리에게 전히 망국적 문자라고 해치운 것은 좀 과격한 표현인가 한다.

차라리 한자를 제한하여 활용하면서 세종대왕이 창건한 한글을 활용하지 않았다는 점을 지적한 것이, 그 당시의 실정으로 보아서 옳지 않을까 한다.

(5) 양반 계급의 횡포: 이조 때에 반상班常의 차별이 심각한 것은 사실이요, 그로 인하여 악폐가 많은 것도 틀림없다. 양반은 대권大權을 병柄하여 대도大盜를 행하고, 토호·토반土班은 소권小權을 집執하여 소도小盜를 자恣하니 통상 인민, 즉 상민이 못살게 되었기에 말이다.

이런 점은 어느 나라에나 있는 봉건 제도의 통폐라 하겠는데, 이 점에 대하여는 별로 언급이 없다.

(6) 번문욕례繁文縟禮의 누설縷絏: 어느 형식적 예절은 인문人
文의 진보를 의미함이거니와, 그 정도가 지나치면 도리어
생기의 위미萎靡를 의미한다. 특히 관혼상제冠婚喪祭의 사
례四禮는 허식으로 되고 말았으니, 번잡한 예문禮文이 생
기를 타락하게 하였음은 뚜렷한 일이었다.

(7) 불합리·불경제의 일상 생활 방식: 여기에는 주로 의식주
의 생활 문화에서 생긴 구폐를 여지없이 비판하는 데 굉
장한 지면에 걸쳤다. 현대인의 생활 양식으로 보아서는 전
래의 습속에 개선할 만한 점이 많으니 당연한 일이겠다.

(8) 조혼의 폐해: 요즘 젊은이들은 잘 모를 일이지만, 이조의
대가족제의 여폐로서 이는 아주 심각한 문제이었다. 이에
그 원인을 사회적·생리적·심리적·의학적·정신적으로 상세
히 파헤쳤다.

(9) 나이 자랑하기: 인생의 노소란 마지못한 일이요, 경로敬老
의 미덕도 있었지만, 그 정도가 지나쳐서 젊은 기상을 위
축시킨 것은 안 될 일이었다. 나이를 자랑삼을 것이 아니
라 오히려 젊음을 키워야 할 일이다.

(10) 미신의 성행: 문화 생활의 이면에는 으레 미신이 따르기
마련인데, 특히 오행설五行說, 음양 8괘설陰陽八卦說, 숙요
설宿曜說을 지적하였다. 일월 성신의 운행과 변화로써 인
사를 접하는 데에 그침은 숙명론·운명론에 빠지기 쉽다.
당시의 미신으로서는 이밖에도 수상·관상이나 무당도 있

없는데, 여기에는 별로 언급이 없다. 또 일제 치하에 신사참배를 강요한 것도 하나의 미신이련만, 이 문제는 감히 논급할 처지가 아니었음을 인증할 수밖에 없다.

'민족갱생'을 위한 처방 제시

최현배는 민족의 쇠약증을 진단하고 아울러 처방을 제시한다. 논설 중에서 가장 핵심적인 부문에 속한다.

(1) 첫째로 민족적 생기를 진작하라는 것이다. 쇠약증을 치료하는 데에 무엇보다 먼저 필요한 일이다. 거기에서 비로소 광명과 희망이 있음을 확신하고, 모든 정륜과 활동에 매진해야 하기 때문이다.

이제는 먼저 자각을 하고, 계획을 세우고, 전비前非를 회개하여 침체했던 활기를 불러일으켜야 한다. 그러면 생기란 무엇이냐 하면 생에의 의지Will to Live에 다름이 없다.

실망하지 말고 잘 살아 보겠다는 굳은 뜻을 일으키라는 말이다. 그것이 바로 최고유일의 원리라는 것이다.

(2) 둘째는 민족적 이상을 수립하라는 점이다. 이상이 없이 잘 사는 길을 전진할 수는 없을 것이다. 그러면 이상이란 무엇인가 하면, 현상보다 우월 완전한 상태를 미래에 상상하는 것이라 한다. 그리고 그 대 이상은 전인격의 활동

을 이루는 것이다. 거기에서 인생의 절대 가치가 실현되고 고귀한 문화가 창조된 것이다.

나아가서 이상적 사회의 실현, 인류 평등과 세계 평화에까지 미쳐 간다. 이런 점에 관하여는 상당한 이론을 전개하고 있다.

(3) 셋째로 우리 민족의 시대적 이상을 파악하라는 것이다. 위에서 말한 민족적 이상은 공간과 시간을 초월한 보편 타당적 이상이다. 세계의 어느 민족이나 어느 시대를 물론하고 최고의 이상이다. 그러나 조선 민족으로서 오늘의 당면한 문제를 요한다. 진정한 이상이란 본래 보편적인 동시에 특수적이란 점을 말한 것이다. 그래서 당면한 우리 민족의 이상을 차지하는 데에 착안하였다.

이 점에 관하여는 구체적인 지표를 제시한다기보다 시대의 진운에 따라 이에 적응하는 길을 모색하라는 것이다. 거기에는 먼저 사리 허욕을 버리고, 고루한 가족주의에 얽매일 것도 아니라, 애족의 충정衷情에 서야 한다. 문화의 발달과 인류의 진보는 영원한 것이요 사회의 형성의 변화성도 무상하니, 시대의 특수성을 똑바로 보는 데에서 민족적 이상이 파악될 것이다.

(4) 민족의 생기를 진작하고, 민족의 대이상을 밝히고, 시대의 이상을 파악하였으니, 이제는 그것을 실현하는 데에 우리 민족의 특질을 구명하자는 것이다. 즉 우리 민족의 소질이 우량함을 내세우게 되었고, 이를 지·정·의의 세 면

에서 사실상史實上으로 명중하였다.

먼저 의적意的 방면에서 단군설화를 인용하여 홍익인간
이라는 지고의 이상을 밝히고, 정적情的 방면에서 예술
상의 훌륭한 가지가지의 유적遺蹟과 아울러 정의와 인도
를 애호하여 호양부쟁好讓不爭의 평화를 추구한 사실史實
을 고증하였고, 지적知的 방면에서 한글의 창설과 그 밖
의 여러 가지 발명을 예시하였다. 이로써 세계에 자랑할
만한 문화 민족으로서의 자질이 훌륭하게 명증되었다. 이
는 한갓 지난날의 탁월한 특질일 뿐 아니라, 앞날에도 더
욱 빛날 것을 확신하였다.

(5) 이제는 확고한 신념이 필요하게 되었다. 거기에서 열렬한
노력과 장쾌한 분투가 있을 것이기 때문이다. 신념은 활
동의 원동력이요, 노력의 근원이며, 성공의 기초이요, 승
리의 비결이며, 번영의 토대라 하였다. 그것은 인류상의
성인과 위인이 그 실증이요, 우리 국사상에도 역연하니,
그 중에도 기미 운동은 가장 두드러진 일이었다. 거기에
는 바야흐로 민족 갱생의 서광이 비쳤기에 말이다.

제군이여, 진실로 철석같은 결심과 불꽃같은 신념만 있으
면, 갱생의 행로에 중첩한 고산과 급류는 도리어 제군의
원기를 돋우며 쾌미를 더할지언정 결코 장애는 되지 않은
것이라고 격려하였다. 그것은 저 도이칠란트 국민이 이를
실증하고 있으니 말이다. 그래서 생기없다, 나른하다, 약
하다, 식다…… 등등의 소극적·피동적인 말을 다 버리고

펄펄하다, 씩씩하다, 굳세다…… 등등의 적극적·능동적인 말을 내세우라는 것이다.

(6) 마지막으로 일어날 듯한 비평에 대하여 반박 내지 변명을 하였다. 그 첫째는 전연히 유심적이요 공상적이라는 평에 대한 문제인데, 인간이란 물심양면이라는 근거에서 유물사관의 그릇됨을 철저히 비판하였다. 그리고 정신력과 이상의 중요함을 역설하였다. 또 한 가지는, 신기한 것이 없다는 평에 대하여는 진리란 평범한 데에 있다고 답변함으로써 넉넉하다.

'민족갱생'을 위한 방안

최현배는 민족갱생을 위한 방안을 제시한다.

(1) 신교육의 정신: 우리 민족의 갱생에 필요한 교육을 바로 신교육이라 하고, 우리를 쇠망으로 이끌던 구교육에 대립시킨다는 것이다. 이제 그 구체적인 내용으로서는 조선 사람의 세계적 위치와 인류적 임무에 대한 진정한 이해, 조선에 대한 철저한 이해와 사랑과 헌신적 활동, 자기 개인의 생명이 경함과 아울러 중함을 깨닫게 하는 일, 신체의 건전과 쾌활한 심정과 용감한 기상, 아동 본위의 자발적 활동, 인격의 독립성, 노동의 의무, 경제적 자립, 세계

의 평화와 인류 사회의 복지, 진·선에 대한 열의 등등에
귀결한다.

(2) 계몽 운동: 민족의 갱생은 한두 사람의 성현 군자나 영웅
열사만이 아니라, 대다수인 민중의 각자 임무의 수행으로
이루어질 것이라 하여, 일반 민중의 계몽이 필요함을 역
설하였다. 특히 야학교나 강습회를 장려하고 문맹 퇴치에
유의하였다.

(3) 체육 장려: 건강한 신체에 건전한 정신이 있다는 점이 당
연한 일인데, 특히 국민 전체의 건강을 위하여 체육을 장
려한 것이다. 이는 요즈음 문제로 되는 국제 경기에 착안
한 것은 아니지만.

(4) 도덕의 경장: 노력을 요하는 문제의 모두가 도덕의 일단
이라 하겠는데, 이 문제를 따로 다루는 것은 다음 몇 가지
점을 특히 강조하기 위한 조처라 하겠다. 경장할 신도덕
은 인격의 존중을 그 기조로 한다. 이를 덕목德目 별로 하
여 진실·신의·용기·자존심·사회적 의무·근면 등으로 나누
었다.

(5) 경제의 진흥: 경제의 파면 상태를 크게 한탄하고, 이를 한
갓 경제 문제로서만 다루지 않고, 그 원인이 내외에 걸쳐
있으나, 특히 내재적 원인을 중요시하면서, 그 진흥책으
로서 도의적인 각성을 촉구하고 있다.

이제 그 내재적 원인을 제거하고, 그 진흥책을 다음과 같
이 제시하였다.

제1 근로 역작의 풍風을 진작하자.

제2 경제적 두뇌를 연마하자.

제3 산업 애호의 흥미를 고취하자.

제4 자작自作 자급의 정신을 분작奮作하자.

제5 소비 절약을 여행勵行하자. ― 사치 낭비의 일소 ―

이런 점에 대하여 낱낱이 설명을 붙였으니, 오늘날에도 경청할 점이 많다.

(6) 생활 방식의 개선: 앞서 쇠약증의 원인을 다루는 데에 지적한 (7)항과 불가분의 관계를 가지고 있다. 즉 의주衣住의 쇄신을 주로 다루었는데, 아주 세밀한 점에까지 언급하였다. 그리고 단발, 기다란 담뱃대의 문제도 지적하였다.

(7) 민족 고유 문화의 발양: 이도 이미 언급한 바에 연관하거니와, 우리 조상이 남긴 우수한 민족 문화를 선양함은 참으로 절실한 문제다.

특히 한글의 보급을 강조하였으니, 이도 선도적 공적이 지대하다. 한글의 연구를 여러모로 권장하였는데, 이는 그 당시의 실정으로 보아 불타는 애국열의 구현이다. 드디어 어학회 사건으로 영어囹圄의 몸이 된 것도 널리 알려진 바와 같다.

(8) 여론餘論: 이는 위에 지적한 명분의 조항을 드러낸 것이다. 즉 미신의 타파, 조혼의 폐지, 무용武勇의 기풍 양성, 민립 대학民立大學의 건립, 생활 상태의 조사 연구 등의 문제다.

(9) 갱생 노력의 방식: 그 구체적 방안으로서 다음의 몇 가지를 들고 있다.

① 각자의 뜻으로 솔선 나설 것.

② 개인의 힘을 단합하여 단체를 이룰 것 — 학술 연구회·청년회·체육회 등 수십 단체를 열거.

③ 단체 나름의 임무를 완수할 것 등등이다.

끝맺는 말로서 마지막으로 전지全知와 전애全愛를 다하며 전성全誠과 전사全思를 다하여 반석같은 신념으로써······ 현재와 장래의 동포 형제 자매에게 고창 절규하노라고 외쳤다.[4]

3장

연희전문학교 시대와 우리말 연구

연희전문학교 교수로 초빙

최현배는 1926년 봄 학기부터 연희전문학교 교수로 취임하였다. 이와 함께 이화여자전문학교의 교수도 겸직한다.

연희전문학교는 1885년 4월에 입국한 미국 장로교 선교사 언더우드가 이듬해 언더우드학당을 설립하여 1905년 경신학교로 개편한 것을 시발로 1915년 전문학교로 인가받았다. 연희전문은 경신학교의 대학부로 출발했으나 당시 한국에는 대학령이 없었던 까닭에 1917년 연희전문학교로 인가되었다. 일제는 정책적으로 한국에 대학설립을 막았다.

1919년 3·1혁명 때에는 이 학교 재학생들의 조직적인 항일운동으로 일제의 탄압을 받아 학교가 존폐의 기로에 놓이기도 했다. 1918년에 전교생 94명이었던 것이 1919년에는 17명으로 줄어들게 되었다.

연희가 대학으로 출발하는 것을 좌절시키고, 전문학교로 인가한 조선총독부는 경성제국대학 예과(1924)와 경성제국대학

(1926)을 설치했다. 따라서 남달리 민족정신이 강한 학생들은 자연히 사립 연희전문학교에 모였으며, 특히 일본인이 한국의 얼을 빼앗는 방법으로 우리의 말과 글을 빼앗으려 하는 의도를 알고, 우리 얼을 지키려는 학생들이 연희로 몰렸으니, 김윤경·정인승·정태진·이은상·김선기 같은 이들이 그들이다. 이들은 뒷날 모두 조선어학회 사건(1942)에 연루되어 옥고를 치른 이들이요, 우리 말글의 연구나 우리 문학(이은상)의 주도적 역할을 한 이들이다.

외솔의 연희와의 인연은, 외솔이 교토대학 문학부 철학과를 졸업하고(1922. 4. 12~1925. 3. 31), 이어서 그 대학 대학원을 수업(1925. 4. 25~1926. 3. 23. 이 한해 동안에 「조선민족 갱생의 도」를 지음)하는 대로 1926년 4월 1일에 연희전문학교 교수(같은 날 이화여전 교수로도 겸직)로 부임하면서부터이다. 외솔이 사립 연희전문을 택한 까닭은 외솔의 민족 사상과 연희전문의 이념이 맞기 때문이었다.[1]

최현배는 「조선민족 갱생의 도」가 발표되면서 유명 인사가 되었다. 민족주의 성향의 학생들이 연희전문학교를 지망하게 되고, 최현배는 이같은 이유에서 연희의 초청에 응하기에 이르렀다. 그의 입교를 전후하여 구미나 일본에서 유학한 명사들이 초빙되었다.

문과에는 정인보·원한경·유억겸·백낙준·손진태·이양하, 상과와 이과에는 이춘호·이원철·최규남 등이었다. 각계의 석학들이 속속 연희전문학교에 모여들었다.

　외솔이 취임한 그때는 이미 연희전문학교가 창립되면서 1회로 입학하고 졸업한(1917~1922) 김윤경, 이어서 입학하고 졸업한(1921~1925) 정인승·정태진 등이 장차 연희의 조선학에 공헌할 큰 잠재력을 가지고 있었을 때이다. 그러나 한편 그때는 일본총독부의 교육 정책에 위반되므로 조선어와 조선문학 및 조선사를 가르치지 못하게 하던 때이기도 하다.

　그런데, 때마침 1927년에 용재(백낙준)가 미국으로부터 연전 교수로 부임하고, 이듬해 문과부장의 보임을 받았다. 본시 조선학에 투철한 용재와 유억겸 학감(1929)의 정신적 일치는 외솔을 비롯한 한국학 교수들의 뜻을 잘 읽고, 조선어는 주시경의 제자인 외솔로 하여금 과외로 가르치게 하고, 국사는 동양사의 이름으로 환산(이윤재) 및 정인서 등이 가르치게 하였으며, 국문학은 중국의 한문학의 형태를 빌어 위당으로 하여금 가르치게 하였다.

　당시로는 어려운 정책이었으나 한국어의 강의는 연전이 처음이라는 역사를 만들었다. 이러한 상황에서, 국어 국문학이 조금씩이나마 연희전문에서 강의되었고, 또한 전파되어 나갔다. 이와 같이 연희는 민족 정신의 요람지일 뿐 아니라 국학 연구의 기틀이 잡혀 갔던 것이다.[2]

　최현배는 보성전문학교에서 철학·논리학·윤리학·교육학·심리학·조선말을 가르치면서 대학졸업 논문이기도 한 페스탈로치의 교육이념을 구현하고자 했으나 허사였다. 일제는 조선의 모든 학교에서 자율성을 철저히 배격하고 식민지 교육을 강요했다. 페스탈로치의 교육이념을 배제한 것도 물론이다.

최현배의 교육사상의 핵심은 1927년 『교육평론』(3월호)에 쓴 「페스탈로치의 교육사상」에 집약되고, 이 논문은 1963년 3월호 『나라 건지는 교육』에 우리말로 번역되어 실려 있다.

> 나는 왜정 밑의 우리 사회의 무기력과 침체를 타개하여 겨레 갱생의 기틀을 짓고자 하는 생각에서, 처음엔 사회학에 뜻을 두었다가 다음엔 교육학으로 뜻을 돌리어, 페스탈로치의 생애와 사상을 연구하여 (…) 여기 뒤친 논문을 썼던 것이다. 이것이 학생시대의 지음으로서, 그 내용의 불비함이 많을 것임은 틀림없겠지만은, 역시 나의 한 살이 갈길行路에서의 버릴 수 없는 하나의 뜻 있는 자국인 것이다.[3]

『나라 건지는 교육』에 실린 논문의 주요 부문은 다음과 같다.

(1) "베스탈로찌의 교육사상"의 체재

　가. 일러두기

　나. 첫째 가름 베스탈로찌의 교육사상의 기초

　　경험적 기초 / 철학적 기초 / 이상주의적 인식개념

　다. 둘째 가름 교육의 뜻과 목적

자연의 방조 / 조화적 발달 / 신에 대한 신앙

라. 셋째 가름 교육의 기능과 한계

마. 넷째 가름 교육의 필요

사회적 견지에서 / 개인적 견지에서

바. 다섯째 가름 교육의 마당

가정 / 학교 / 사회

사. 여섯째 / 가름 교육의 원리(합자연성)

자발성 / 방법 / 직관 / 모든 힘의 평형 / 사회.[4]

최현배의 연희전문 시절은 일제의 포악한 식민통치가 자행되고 있는 시대였다. 민족주의 성향이 강했던 그에게는 적응하기가 쉽지 않았다. 더욱이 우리말과 글을 연구의 중심으로 삼고 있었던 터여서 견디기가 쉽지 않았다. 일제의 갖은 압박은 날이 갈수록 심하고 악랄해졌다.

연희는 나의 교육 이상의 실현의 곳으로 선택된 것이었다. 그러나 왜정의 동화정책, 식민지 교육 방침에 굴레 씌워진 당시의 우리의 교육은 도저히 나의 교육 이상의 실현의 여지가 없음을 간파하게 나를 강요하였다. 그리하여 나의 연구심은 교육학의 원리, 방법 등에 쏠릴 수가 없었다. 만세 불멸의 교육 원리도 왜정의 횡포한 칼 앞에는 아무 실행의 여지가 없었기 때문이었다.

나는 철학(철학사, 철학개론, 논리학, 윤리학)을 가르치고 교육학·심리학을 가르치었다. 그러나 나의 연구의 노력은 나의 학교 교육에서는 부전공의 지위에 있던 우리말 우리글에로 기울어지게 되었다. 조선말을 가르치고 연구하는 것이 나의 추장된 학구적 사업이었다.[5]

흥업구락부 사건으로 연희전문 추방돼

1938년 여름 흥업구락부 사건이 일어나 민족주의계열 다수의 인사들이 피검되고 혹독한 수사와 고문을 당하였다. 최현배도 연루되어 고문을 받고 결국 연희전문에서 쫓겨났다.

단순한 실업단체로 위장한 흥업구락부는 이상재·윤치호·신흥우·유억겸·유성준·장두현·정춘수·신흥식·신석구·구자옥·김응집·최두선·김윤수·김용채·김준연·김동성·이관구·조정환·이만규·구영숙 등 기독교 장로와 목사 및 학교 직원 기타 사회유력자들이 참여하여 활동하였다.

흥업구락부는 표면상 국민의 복지 향상과 국민산업의 진흥을 목적으로 하였지만, 실상은 해외에 있는 모든 독립운동가들에게 자금을 대어 주는 하나의 정치적 비밀결사였다. 따라서 운동자금 조성을 위한 경제활동은 중요한 사업 중의 하나였다. 특히 1931년 만주침략 이후 일본의 국제적 난관을 이용하여 민족운동의 비약적 발전을 꾀하기 위해 적극적인 자금조성방법이 논의되었다. 그 해 11월 예회例會에서 회내에 5만 원을 출자하여 산업부를 설치하자는 안이 제의되었던 것이다.

이 제의는 고액 출자를 할당받은 회원들의 반대로 실패하긴 하였으나, 그 후에도 입회 시의 갹출금 및 월연금月捐金의 보관 운용에 관한 연구위원을 선임하고, 1934년에는 그 일부로써 경기도 연천군에 토지를 구입하여 거기서 나온 수입을 저축하는 등 운동자금 조성에 노력하였다.

흥업구락부 회원들은 조직 당시부터 사회 각층의 우수한 지도자들 중에서 엄선하였기 때문에 기독교계 문화단체 및 사회 단체에 중요한 영향력을 가지고 있었다.[6]

일제는 흥업구락부 사건으로 54명을 구속하고 서대문형무소에 수감하여 가혹한 고문을 하는 한편 이들이 사회지도층이기 때문에 사회적 영향력을 감안하여 사상 전향을 시도하고, 실제로 친일 전향자를 만들었다.

일제당국자들은 이 사건의 중심인물들이 모두 유식 지도자 계급의 인물들로 사회적 영향력을 가지고 있었으므로 이 사건을 계기로 이들은 '전향轉向'시켜 그들을 전쟁협력자로 역이용하고자 온갖 위협과 회유를 하였다.

이러한 그들의 의도는 "다수 유식인사를 사회적으로 매장해 버리지 말고 총후활동銃後活動에 자발적 협력을 하게 하여 충량한 제국인민으로서 갱생시키는 것이 각반의 정세로 보아 가장 적절 타당한 것으로 믿기 때문에…… 경무당국에서도 사건의 취급에 관해서는 특히 유의하여 장래에 사건관계자의 갱생과 활약을 간절히 희망하고 있는 바……"라고 하는 미하시三橋 경무국장의 말에 잘 나타나 있다.

결국 이들은 이러한 일제의 압력을 견디지 못하고 "아등我等은…… 광휘光輝있는 황국皇國 일본의 신민臣民으로서의 영예와 책임감을 통감하고 팔굉일우八紘一宇의 도의적 결합으로써 자분노력自奮努力케 함을 성심誠心으로 서誓하는 바이다……"라는 소위 「사상전향성명서」를 발표하고 6개월 만에 기소유예 처분을 받아 석방되었다.

그러나 이들은 비록 강요에 의해 일단 절개를 굽힌 것이긴 하였지만, 각종 부일협력활동에 동원되지 않으면 안 되었다. 그리고 이들의 이러한 행각은 개인적 차원에 머무르지 않고 한국교회의 변질에도 심각한 영향을 미쳤다.[7]

흥업구락부의 간부 다수가 친일전향서에 서명을 할 때 최현배는 끝까지 민족적 신념을 지켰다. 그 대신 연희전문에서 쫓겨났다. 이후 한동안 직장이 없는 생활을 하게 되었다. 그에게는 민족사에 길이 남을 새로운 과제가 있었다. 전화위복이랄까.

최현배의 3대 저술로 꼽히는 책은 『조선민족 갱생의 도』와 『우리말본』 그리고 『한글갈』을 들 수 있을 것이다. 그는 흥업구락부 사건으로 학교에서 쫓겨나면서 『우리말본』의 저술에 들어갔다.

'우리말본' 저술에 심혈 쏟아

사람은 누구나 정도의 차이는 있겠지만 시련을 겪는다. 시련기를 어떻게 극복하느냐에 따라 승패가 결정되기도 한다. 최현배는 연희전문에서 쫓겨난 시기를 『우리말본』 등의 저술에 심혈을 기울이며 보냈다.

그는 연희전문 재직 시절부터 『우리말본』의 저술을 위해 심혈을 기울였다. 당시 고향이었던 염포 바닷가에서 두 해 동안 여름휴가를 보내며 우리말본 씨갈(품사론)을 연구하였다고 한다. 염포는 임진왜란 때 일본군을 최후로 몰아낸 곳이기도 하다.[8] 최현배는 역사적 상흔이 남아 있는 염포를 찾아 빼앗긴 나랏말을 연구하다가, 이제 직장까지 빼앗긴 처지에서 나랏말 연구에 청춘의 뜨거운 정열을 쏟았다.

모든 역사적인 작품이 고난 속에서 이루어지듯이, 최현배의 『우리말본』도 그랬다.

나의 『우리말본』의 가르치기와 짓기는 해와 함께 나아갔다. '연전'과 '이전' 학생들은 당시 공리적 견지에서는 아무 소용도 없는 조선말 공부를 열심히 하여 나의 연구를 도와주었으며, '연전' 학생들은 나의 초고를 열심히 등사하여 주었다. 내외국 허다한 참고서에서 배움이 컸음은 물론이요, 나의 뜻을 아는 모든 친구들은 나의 질문에 대하여 성의껏 대답하여 줄 뿐 아니라 좋은 재료의 공급을 아끼지 아니하였다.

나는 날마다 가르침이 끝난 뒤에 홀로 늦도록 학교에 남아 있
어 연구에 열중하다가 해가 서천에 떨어질 즈음에야 책가방을
들고서, 혹은 엄동설한의 흰 눈을 밟으면서, 혹은 여름 저녁의
더운 바람에 땀을 흘리면서 혼자서 등성이를 넘고 고개를 넘
어, 애기능을 지나 금화산 둥구제를 넘어 독립문 동쪽 행촌동
의 집으로 돌아오는 것이 예사이었다.

나는 산을 넘어오면서 생각하였다. 내가 『우리말본』의 첫째
매 소리갈을 짓노라고 하기 방학 중에 혹서를 무릅쓰고 고향의
동대산 태령을 넘어 신흥사에서 고요를 벗하기 두 번이었고, 방
어진 염포 해안에서 한가한 갈매기를 벗하기 두 해 여름이었다.[9]

최현배의 노작 『우리말본』은 1937년 2월 20일 연희전문학교
출판부에서 간행되었다. 1,283쪽의 신국판 양장본이다. 표제지
에는 "최현배 지은 우리말본 연희전문학교출판부"라고 세로 석
줄로 붓글씨로 쓰고 글씨의 크기를 달리하여 배치시켰다. 『우
리말본』은 우리말에 대한 과학적 탐색을 처음으로 시도한 책으
로, 문법 연구사에서 분수령을 이룬다.

최현배는 『우리말본』을 쓰게 된 배경을 머리말 서두에서 알
린다.

(1) 한 겨레의 문화 창조의 활동은, 그 말로써 들어가며, 그
말로써 하여가며, 그 말로써 남기나니 이제 조선말은 줄
잡아도 반만 년 동안 역사의 흐름에서, 조선 사람의 창조

적 활동의 말미암던 길이요, 연장이요, 또 그 성과의 축적
의 끼침이다.

그러므로, 조선말의 말본을 닦아서, 그 이치를 밝히며, 그
법칙을 들어내며, 그 온전한 체제를 세우는 것은 앞사람
의 끼친 업적을 받아 이음이 될 뿐 아니라, 나아가아 계계
승승할 뒷사람의 영원한 창조 활동의 바른 길을 닦음이
되며, 찬란한 문화 건설의 터전을 마련함이 되는 것이다.

최현배는 머리말에서 이 책이 만들어진 경위를 밝힌다.

(2) 내가 무딘 자질과 볕은 학식을 불고하고 선각 최광옥·유
길준·주시경 여러 어른의 뒤를 이어 외람히 조선말본의
연구 및 정리에 종사하여 이미 이 책의 첫째매를 박아낸
지가 벌써, 찬 여섯 해 반이나 되었다. 그동안에 일변으로
는, 앞으로 지어가며, 일변으로는 된 것을 해마다 다시 고
치고 깁고 하여, 이제 그 다된 한 보퉁이의 원고를 옆에
놓고서 이것이 평생 동안의 '부단 노력'의 결정인가 하고,
바라보매 그지없는 느낌을 막을 수 없도다. (한자는 한글
로, 나머지는 원문대로 인용함)

지은이는 이 책의 이론상의 특수성과 응용 면의 가치를 머리
말에서 제시한다.

(3) 이 책은 앞 사람들의 말본들과는 다름이 매우 크다. 첫째, 그 설명하는 방법에 있어서, 앞 사람의 풀이법說明法은 분석적이었음에 대하여, 이 책의 풀이법은 종합적이다. 그리하여, 그 전체의 체계에서도, 퍽 많은 다름이 생기었다. 씨가름品詞分類에서 월가름文分類에 이르기까지, 거의 하나도 옛 설명을 그대로 농용한 것이 없다고 할 만큼, 새로운 체계를 이루었음은 이를 보시는 분이 짐작하실 줄로 안다. 그리하여, 그 완전여부는 별문제로 하고, 이 체계로 말미암아, 비로소, 조선말의 말광辭典을 조직적으로 꾸밀 수가 있게 되었으며, 이 체계를 배움으로 말미암아, 비로소, 외국 사람이라도 능히 조선말의 조직화 운용의 이치를 깨치어서 조선말과 조선글을 법에 맞도록 쓰게 되었다고, 감히 말할 수가 있다고, 스스로 믿는다.(원문대로 인용함)

최현배는 '일러두기'를 통해 설명한다.

(5) 일러두기의 내용

　가. 현대의 입말口語과 글말文語의 본을 풀이함.

　나. 현대 조선말의 크고 작은 법을 남김없이 풀이함.

　다. 말본의 술어는 순 조선말로 하였음.

　라. 세로 글줄을 잡았음.

　마. 맞춤법과 문장부호는 「한글마춤법통일안」을 따름.

　바. 입말과 글말의 어미를 섞어씀.

사. 참고문헌을 생략하였음.

아. 보기말例語의 줄인 이름과 같은 이름을 제시하였음.

자. '첫재매'와 '둘재매'를 묶어 온책을 내었음.

차. 책은 짓는 동안에 내용을 많이 고쳤으며 그 결과 앞뒤
가 맞지 않은 진술이 있을 수 있음.

카. 용어의 띄어쓰기는 목차와 본문이 맞지 않은 일이 있
기 때문에 목차를 기준으로 삼음.[10]

훈민정음과 한글 논구한 '한글갈' 펴내

최현배의 우리말, 우리글 연구에 대한 욕구는 흔들리지 않았
다. 그가 실업자의 상태에서 연구에 정진하고 있을 즈음 시국
은 나날이 어려워졌다. 총독부는 1935년 9월부터 각급 학교에
신사참배를 강요하고, 1936년 12월에는 조선사상범보호관찰
령을 공표하여 항일운동으로 치안유지법을 위반하고 전향하지
않은 사람들을 철저하게 감시했다.

이와 더불어 1937년 6월에는 수양동우회 사건을 일으켜 다
수의 지도급 인사들을 재판에 넘겼다. 흥사단 계열의 실력양성
단체이던 수양동우회는 비교적 온건한 노선을 걸으면서 국내에
서 활동하였다. 그러나 1930년대 중반 전시체제가 강화되면서
일제는 수양동우회 관계자 180여 명을 치안유지법 위반으로
검거하고 그중에 42명을 재판에 회부하여 가혹한 고문으로 최

윤세·이기윤 등이 옥사하기에 이르렀다.

총독부는 1941년 11월 전원을 무죄로 석방하면서 이들을 전향시켰다. 흥업구락부 이후부터 이용해온 수법이었다. 이광수·갈홍기를 비롯한 수양동우회 간부들 대부분이 친일로 전향하여 각종 친일 단체에 가입, 드러내놓고 친일활동을 벌였다.

최현배는 일제의 탄압과 유혹을 견디면서 우리말과 글의 연구에만 정진하였다. 『우리말본』에 이어 『한글갈』을 펴내게 되었다.

> 연희 학원에서 연구하고 가르치기를 십삼 년 되는 1938년 여름에 이른바 흥업구락부 사건으로 하여 일제 경찰의 악독한 고문을 받고 연회 학원에서 쫓겨났다. 나는 일터를 잃고 한가한 틈을 얻었다. 밖으로는 중일 전쟁이 날로 극렬해져 간다.
>
> 이러다가 우리가 다 죽어 버리면 오늘까지 우리말 학계의 천명하고 쌓아올린 성과를 어디서 찾아보랴? 폭탄이 서울에 떨어지기 전에, 이 몸이 죽어 가기 전에 우리 국어 학자들이 오늘날까지의 연구 성과를 적어 엮어 뒷사람에게 전하는 것이 나의 의무이다.
>
> 나는 이렇게 생각하고서 실직 삼 년 동안에 가계의 어려움은 돌아보잖고 전심전력으로 낮밤으로 서둘러 아는 바를 적어 엮은 것이 곧 『한글갈』이다.[11]

일제가 대륙침략을 강행하면서 한반도는 전시체제의 비상시국이 조성되고 인적 물적 수탈이 강화되는 한편 민족주의자들의 활동은 더욱 위축되었다. 이런 상황에서도 최현배의 우리말·글에 대한 연구는 조금도 움츠러들지 않았다.

> 선생은 그때 철학 강의를 하는 한편, 국어 말본 강의를 담당하고 있었는데, 선생이 연희 전문학교에서 몰려 나오고 난 뒤로는, 이 나라 안에 우리말의 말본을 강의하는 학교는 없어지고 말았다.(그 당시 경성 제국대학에 조선어 문학과가 있어서, 우리 문학과 어학의 강의를 하기는 했으나, 이것은 어디까지나 일본 침략자들의 한국 통치를 돕는 한 방편으로 존속의 가치가 있음에 지나지 않았다.)
> 선생은 연희를 물러난 뒤로도 결코 그 의지를 꺾지는 않았다. 아니 그 불타는 정열은 오히려 국어 수호를 위한 거대한 저서로 나타났으니, 이것이 국어학사 상의 불멸의 명저인 『한글갈』이다.[12]

최현배는 초판 『한글갈』의 머리말에서 이 책을 내게 된 심경의 일단을 말한다.

> 한글은 조선 사람의 지적 산물 중 가장 중요한 것인 동시에, 또 지적 탐구와 가장 긴밀한 대상이 아니면 안 된다. … 이 즈음 수년 동안에 한가한 몸이 되매, 온 시간을 오로지 훈민정음의 연구에 바침을 얻어, 부지런히 갈고 닦은 성과를 뭉뚱그려, 이에 세상에 내어놓게 된 것이다(초판 《한글갈》 머리말에서, 1940년 동짓날).

최현배는 이 책을 출판하고자 초판원고 머리말 말미에 다음과 같은 내용을 담았지만, 총독부의 허가 과정에서 빠지게 되고, 해방 후 속간에서는 다시 살렸다.

해가 남 회귀선에서 돌아서서 땅 우에 한 양기를 던지는 것을 상상하면서, 인왕산 아래 커다란 은행나무의 천만 가지가, 잎사귀 하나 없이 앙상한, 그러나 끝끝이 푸른 빛을 머금은 듯한 저문빛을 바라보면서.

외솔의 심경을 알게 된다.

탄압과 변절의 광풍이 휘몰아치던 계절에 최현배는 독립운동을 하는 심경으로 『한글갈』을 썼다.

한글이 우리 민족의 지적 산물 중의 가장 중요한 것이기 때문에, 우리들의 지적 탐구의 가장 긴밀한 대상이 되어야 함을 느끼고, 훈민정음에 관한 일체의 역사적 문제와 한글에 관한 일체의 이론적 문제를 체계적으로 논구한 것이 『한글갈』이다.

책의 이름만 보면, 단순한 문자학인 것 같으나, 내용은 매우 풍부하여, 훈민정음 본문의 소개로부터 시작하여, 그 사용의 역사적 발전, 한글 연구의 역사, 훈민정음의 해석, 없어진 글자의 음가 추정, 한글의 기원 문제, 한글의 문자로서의 위치, 음성 기호로의 표기법과 로마자화 등등, 실로 광범한 문제를 내포하고 있다.[13]

4장

일제의
한국어 말살책과
조선어학회 사건

조선총독부의 한국어 말살책

최현배는 1941년 5월 21일 연희전문에 복직되었다. 흥업구락부 사건으로 해직 당한 지 3년여 만이다. 학생들을 가르치는 일보다 도서관의 일을 맡았다. 복직의 조건부였던 것 같다.

일제가 1941년 12월 8일 태평양전쟁(제2차 세계대전)을 도발하면서 수백만 명의 한국인이 이른바 징용에 의해 강제노동·정신대·학도병으로 끌려가고, 이에 앞서 1940년 2월에 실시된 창씨개명, 황국신민서사 낭독, 조선어 사용금지 등 민족말살책이 자행되었다.

1930년대 후반부터 본격적으로 시작된 이른바 황국신민화 정책은 침략전쟁을 위한 수탈을 쉽게 하고 차제에 민족운동을 근절하기 위한 통제책으로 세계식민지 역사상 유례를 찾아보기 어려운 민족말살책이었다. 창씨개명에 이어 실시된 조선어 교육과 사용금지 정책은 악랄하기 그지없었다.

일제는 1937년 중일전쟁을 일으켜 전시체제를 강화하면서 조선인의 저항과 민족의식을 잠재우고 전쟁에 협력시키기 위해 황국신민화 시책을 강행했다. 그중의 하나가 1938년부터 모든 학교에서 조선어 교육을 전면 폐지하고 일본어를 상용케 하는 일이었다. 이것은 창씨개명과 함께 민족말살의 핵심적인 책동이었다.

1936년 8월에 부임한 미나미 총독은 이듬해 2월 모든 관공서 관리와 교직원들에게 일본어를 상용할 것을 지시하고, 1938년 3월에는 칙령 제10호로서 이른바 신조선교육령을 공포하여 조선어 교육을 금지하도록 하였다. 일찍이 제국주의 역사상 식민지 주민에게 고유한 언어와 문자를 사용하지 못하게 한 경우는 일제가 유일하다. 일제는 허울 좋은 내선일체의 시책을 추진하면서 우리말과 글을 사용하지 못하도록 하고 일본어를 '국어'라고 강변하면서 이를 상용하도록 했다. 철저한 민족정신 말살의 흉계였다.

일제는 '민족언어'의 중요성을 아는 까닭에 우리말과 글을 못쓰도록 하는데 그토록 집요했던 것이다. 그들은 강점 이래 기회가 있을 때마다 조선어 사용 금지를 획책해 왔다.

초대 총독 데라우치는 1911년 전문 30조의 제1차 조선교육령을 공포하여 초기 식민지 교육방침을 제시했다. 주요 의도는 첫째, 일본어 보급을 목적으로 했으며 둘째, 한민족을 이른바 일본의 '충량한 신민'으로 만들고자 했으며 셋째, 노동력을 착취하기 위해 조선인에게 저급한 실업교육을 장려하고자 했고 넷째, 조선인을 우민화시키는 데 목적이 있었다.

1919년 3·1혁명 이후 개정된 제2차 조선교육령에서는 사이토 총독의 이른바 '문화정책'의 미명 아래 내막적으로는 일본식 교육을 강화하여 우리의 민족정신을 말살시키고자 하였다. 총독부는 이어서 1938년 황국신민화를 더욱 철저히 추진한다는 명목으로 제3차 조선교육령을 개정하여 교명을 일본인 학교와 동일하게 개칭하여 형식상으로는 조선인과 일본인 간에 차별이 없는 것처럼 하였으나, 실제로는 일본인이 사립학교의 교장이나 교무주임의 자리를 차지하도록 하고 교육내용은 일본어·일본사·수신·체육 등의 교과를 강화시켰다.

3차 조선교육령은 또 조선인학교명을 일인학교명과 같게 하여 보통학교를 심상소학교로, 고등보통학교를 중학교로, 여자고등보통학교를 고등여학교로 고치고, 조선어 과목을 모조리 폐지시켰다. 일제는 이같은 단계를 거쳐 1943년 3월에는 제4차 조선교육령을 공포하여 모든 교육기관에 대한 수업연한을 단축시키는 동시에 '황국신민화를 위한 국민연성'을 교육목적으로 내걸기에 이르렀다.

신교육령을 반포하면서, 총독 미나미는 소위 '국어상용령'을 발표하여 첫째, 조선총독부·부府·도·군·읍면 사무소·학교·기타 일체의 관공서에서 조선어의 사용을 금지시키고 둘째, 조선인 고관·유력자 등은 가정에서 일본어를 상용하며 셋째, 모든 회의석상에서 그 상대자가 일본어를 알든 모르든 일본어로써 회의를 진행토록 명령하였다. 일제가 '최후발악'으로 식민교육과 조선어사용 금지, 학생들의 근로동원·학도병 동원에 혈안이 된 것은 1943년 제4차 조선교육령을 선포하면서이다.

이 시기는 '국체명징' '내선일체' 등의 전투적인 슬로건을 내걸고 황국신민화 교육에 광분할 무렵이다. 모든 교과목에서 조선어를 단계적으로 추방하는 대신, 일본어를 보급하며 기술교육을 확대하여 조선인 노동의 질을 향상시켜서 전시에 필요한 생산증대를 도모하는 한편 조선민족의 정신과 공동체를 허물고자 했다.

친일파들의 한국어말살 망동

침략자나 독재자 곁에는 아첨배가 따르기 마련이다. 일제의 조선민족말살책이 시행되면서 이에 빌붙은 문인·학자·언론인이 줄을 섰다. 대표적으로는 제1회 고꾸고國語(일본어)상을 받은 시인 김용제가 일본어를 상용하고 일본어로만 시를 써서 총독상을 받았다.

중추원 참의 등을 지낸 현헌의 아들 현영섭은 1937년 7월 9일 미나미 총독을 만난 자리에서 조선어사용 폐지를 건의했다.

△ 현영섭- 세계를 통일한다는 것은 역사적으로 오랜 증거를 가지고 있으나 한번도 실현된 일은 없다. 이러한 세계적인 이상을 생각할 때 내선일체의 문제는 극히 적다. 그러나 조선인이 완전한 일본인이 되기 위해서는 무의식적 융합으로서 완전한 내선일원화에서부터 되지 않으면 안 될 것인즉 종래의 체험치

않은 신도神道를 통하여 또는 조선어 사용 전폐에 의하여 하지 않으면 안될 줄 안다.

　△ 미나미 총독- 조선어를 배척함은 불가한 일이다. 가급적 국어(일어)를 보급하는 것은 가할 일이며, 이 국어 보급운동도 조선어 폐지운동으로 오해를 받는 일이 종종 있는즉 그것은 불가한 일이다.[1]

일제는 그들의 치밀한 계획에 따라 병탄의 시기를 결정했고 조선인 지원병 제도도 실시하고 조선어 폐지도 준비하고 있었다. 그런데 그런 속셈을 모르는 과잉충성분자들이 충성경쟁을 벌이면서 매국매족의 '중대사'를 졸라대기에 이른 것이다. 때문에 미나미는 '조선어 폐지'의 건의를 '정중하게' 거절하는 척하면서 이런 '운동'을 자발적으로 더욱 광범위하게 열도록 뒤에서 사주하고 면전에서는 능청을 떨었던 것이다.

현영섭의 한국어 말살책동은 줄기차게 전개되었다.

　요는 소승적 조선적인 것을 양기 청산하는 일이다. 조선어와 조선옷, 조선집, 형식적인 조상숭배, 조선사, 이런 것들을 완전히 지양하고 다시 또 정신적으로 일본인적 감정에 젖어버려야 하는 것이다. … 조선인적 심정을 완전히 죽이고 다시 태어나야만 하는 것이다. (「조선인의 나아갈 길」에서)

　조선인은 조선어를 망각해야만 한다. 조선인이 일본어로 사물을 생각할 때야말로 조선인이 가장 행복해졌을 때이다. …조선민족의 독립을 몽상하는 돈키호테같은 족속들에게는 하긴 조선어가 필요할 것이다. 하지만 세계를 전체로서 볼 때 한낱 조선어 문제가 대체 무엇인가. … 학교에서 조선어를 가르칠 필요는 추호도 없다. 조선인을 불행하게 하려면 조선어를 오래 존속시켜서 조선적인 저급한 문화를 주고 그 이상의 발달을 저지하는 것이다. (「신생 조선의 출발」에서)[2]

문학평론가 김문집도 민족언어 말살에 앞장섰던 대표주자에 속한다. 「조선민족의 발전적 해소론 서설」의 일부를 소개한다.

결론부터 한마디 먼저 내건다면 조선사람이 일본사람이 된다는 것은 박가가 최가가 된다는 것이 아니고, 제멋대로 나는 박가다 나는 최가다 하고 나선 두 친형제가 그들의 공동의 아버지의 성씨인 황가皇家로 귀합한다는 것 외에는 아니라는 것이다. …

가령 이조李朝 연간年間을 조선의 독립시대라고 한다면, 백일하에 고백하거니와 나는 이조의 독립국 백성이기보다 차라리 오늘날의 에티오피아에서 산돼지 잡아먹고 돌아다니는 야인이 되기를 바랄 것이다. …

천견淺見하고 무성의한 많은 조선백성들, 그중에서도 소위 신학문을 공부했다는 청년들 가운데서 흔히 나는 다음과 같은 불복의 소리를 들었다.

'눈앞에 이런 심한 차별이 있는데 내선일체란 도대체 어디서

나온 경문經文이냐'라는,

진실로 가엾은 눈이요, 가탄할 무식이라 하겠다.³

해방 후 1960년대 초반까지 평론가로 활동한 최재서는 1941년 11월 친일문학잡지 『국민문학』을 창간하면서 연 4회에 걸쳐 일본어판을 내다가 곧 일어판 잡지로 변용시켰다. 일본어로만 잡지를 낸 것이다. 또한 박희도·최린·윤치호 등이 주관한 『동양지광東洋之光』은 '내선일체'를 주창하면서 순 일본어로 잡지를 만들었다.

총독부기관지 『매일신보』가 발행한 주간지 『국민신보』는 1939년 4월 3일 소위 진무천황제神武天皇祭 날을 기하여 창간하면서 "조선의 황국화와 국어(일본어) 장려의 취지하에 국어를 해독하는 청소년을 위하여 국어에 의한 소신문小新聞을 발행하여 국민교육의 실을 거두려 함"이라 내세우며 청소년용 일본어 신문을 만들었다. 문학평론가 백철이 편집에 참여했다.

조선어연구회 참여 '한글맞춤법통일안' 마련

최현배는 날이 갈수록 민족언어 말살이 심화되던 시기 『우리말본』과 『한글갈』 등 저술과 연구활동에 전념하는 한편 국어와 한글의 정리와 보급을 위하여 각고의 노력을 다 하였다. 일제강점기 최초로 결성된 조선어연구회에 참여한 것을 시발로

조선어학회, 조선표준어사정위원회 등을 거쳐 조선어학회 사건
으로 구속될 때까지 빠지지 않고 우리말과 글을 지키는 데 앞
장섰다.

1921년 12월 휘문의숙에서 최현배는 장지영·이병기·신영균·
김윤경·이상춘·권덕규·이규방·박순용·이승규·임경재·최두선
등 15명과 함께 조선어연구회를 발족하였다. 한평생 한글 연구
에 바친 주시경 선생의 가르침을 이어 한글 연구에 헌신해온 인
물들이다.

조선어연구회는 회칙에서 '조선어의 정확한 법리法理를 연구'
하는데 목적을 둔다고 하고, 전국의 주요 도시를 순회하며 발
표회와 강연회를 열어 국어의 의미와 필요성을 강조하였으며
국어보급운동을 전개하였다.

최현배와 그의 동지들은 일제의 민족언어 말살책동에 맞서
1920년대부터 치열하게 싸우는 한편 한글보급과 세종대왕 공
덕비, 한글맞춤법통일안, 동인지『한글』 창간 등 다양한 활동
을 하였다.

1926년 11월 4일에는 '한글날'을 '가갸날'로 제정하여 쉬운
우리말 쓰기를 권장하였으며, 훈민정음 반포 480주년을 맞아
처음으로 기념식을 거행하였다. 또한 세종대왕의 업적을 널리
알리기 위하여 세종대왕 공덕비를 세우고 세종대왕 전기를 발
간할 것을 제기하였다.

한글 보급과 국어운동을 대중화하기 위해 1927년 2월 조선

어연구회의 회원 가운데 권덕규·이병기·최현배·정열모·신명균 등 5인이 동인이 되어 동인지『한글』을 창간하였다.『한글』은 최초 국어연구 전문지로 1928년 10월까지 모두 9호까지 간행되었다.

『한글』에는 모두 24편 글이 실렸는데, 한글 보급·선전에 관한 것, 문법과 음성에 관한 것이 많았으며, 그 밖에도 한글학자의 간략한 전기, 국어 연구에 대한 것, 방언에 대한 것 등이 있다.

1929년 한글날에 대회를 열고 전국 각지 대표자 108명 발기로 국어사전을 편찬하기로 결의하고 그 사업을 조선어연구회에 일임하였는데, 이 사업을 전담하기로 한 조선어연구회는 1930년 12월 총회를 열어 사전 편찬의 기초작업으로서 '한글맞춤법통일안'의 제정, 표준말의 사정査定, 외래어표기법의 제정 등을 결의하였다. 조선어연구회는 이러한 사업을 더욱 체계적이고 효율적으로 수행하기 위하여 1931년 1월 총회를 열어 조선어학회朝鮮語學會로 확장·개편하였다.[4]

최현배를 비롯하여 조선어학회 회원 108인은 1929년 한글날대회에서 조선어사전편찬을 결의하고, 사전편찬을 위해서 한글맞춤법통일, 표준어사정위원회를 두고 1935년부터 표준어 사정작업에 들어갔다. 사정위원은 70여 명으로 구성되었는데 최현배는 권덕규·김두헌·김윤경·백상규·이윤재·정인승·조헌영·조용만·최두선 등과 함께 선발되었다.

사정위원회는 세 차례 독회를 거쳐 "표준말은 대체로 현재 중류 사회에서 쓰는 서울말로 한다"라는 원칙을 정하고 '한글 맞춤법통일안'을 마련하였다. 그동안 연구를 거듭해온 최현배의 기여가 적지 않았다.

1936년 10월 28일 한글반포 490돌 기념일에 인사동 천향각에서 각계 인사 130여 명이 참석한 가운데 사정한 표준말 발표식을 가졌고, 『사정한 조선어표준말 모음』이란 표준 어휘집을 간행하였다.

지역적·사회적 제약을 받지 않고 공통적으로 의사를 교환할 수 있는 말을 공통어라 한다. 공통어는 자연발생적이며 실용적, 편의적인 것인데, 이 공통어를 이상적으로 정리하고 체계화하여 공통성을 높이고 규범성을 가지도록 한 인공적인 말을 표준말이라 한다.

우리말을 처음으로 과학적으로 정리한 사정한 조선어표준말 모음은 우리나라에서 표준말의 헌법적 존재로서, 우리말은 이 표준말모음의 발간에서 비로소 정연하게 정리되었다.

이 책은 본문이 4단으로 내리 짠 체제로 면수가 122면, 낱말과 낱말을 풀어 쓴 색인은 가로판으로 2단에 나누어 117면, 모두 239면으로 색인 면수나 본문 면수가 거의 비슷한 점이 이색적이다. 본문은 '첫째, 같은 말', '둘째, 비슷한 말', '셋째, 준말'로 구성되었다.

같은 말은 다시 소리가 가깝고 뜻이 꼭 같은 말과 소리가 아주 다르고 뜻이 꼭 같은 말로 나누어 사정하였다. 사정 어휘 수는 표준어 6,231, 약어 134, 비표준어 3,082, 한자어 100으로 총 9,547이었다.[5]

조선어학회 사건으로 구속

조선어학회의 활동을 주시해오던 총독부는 1937년에는 수양동우회 회원, 1938년에는 흥업구락부 회원을 검거하는 한편, 1941년에는 '조선사상범 예방구금령'을 공포하여 언제든지 독립운동가와 민족사상가를 검거할 수 있는 '덫'을 만들어 놓고 기다리고 있었다.

이런 상황에서도 조선어학회 회원들은 조선어사전을 편찬하는 일을 멈추지 않았다. 1942년 4월 원고의 일부를 대동출판사에 넘겨 인쇄를 하던 중 함흥에서 한 여학생이 기차 안에서 친구들과 조선말로 대화하다가 경찰에 발각되어 취조를 받게 된 사건이 벌어졌다.

총독부 경찰은 이 사건을 빌미로 서울에서 사전편찬을 하고 있던 정태진을 연행하여 심한 고문 끝에 조선어학회가 민족주의 단체로서 독립운동을 목적으로 한다는 억지자백을 받아냈다.

조선어학회 사건은 이렇게 발단되어 10월 1일 최현배·이중화·장지영 등 11명이 검거된 것을 필두로 1943년 4월 1일까지 모두 33명이 검거되어 야만적인 수사와 고문을 당하였다.

일제는 33명 외에도 증인·기타 연루자 48명까지 검거하여 혹독한 고문을 가하고, 조선어학회 회원과 사전편찬에 협력한 인사 모두를 치안유지법의 내란죄를 걸어 기소하였다. 함흥재판소는 이들에게 "고유언어는 민족의식을 양성하는 것이므로 조선어학회의 사전편찬은 조선민족정신을 유지하는 민족운동의 형태다"라는 예심종결의 결정문에 따라 내란죄를 적용하고, 조사과정에서 가혹한 고문으로 이윤재와 한징은 옥중에서 사망하였다.

함흥재판소는 전후 9회에 걸쳐 계속된 재판에서 사전편찬의 책임자격이었던 이극로 징역 6년, 최현배 징역 4년, 이희승 징역 2년 6개월, 정인승·정태진 징역 2년, 김법린·이중화·이우식·김양수·김도연·이인 징역 2년 집행유예 3년, 안재홍은 불기소, 권덕규·안호상은 기소중지하고, 24명에게 내란죄를 적용하여 유죄를 선고했다. 최현배·이극로·이희승·정인승 4명은 예심판결에 불복하여 상고하였으나 해방 이틀 전인 1945년 8월 13일자로 기각되고, 마침내 조국광복과 함께 8월 17일 풀려나왔다. 예심판사 나카노의 예심종결 결정문 중 기소이유서의 요지를 보면 일제의 의도를 알 수 있다.

본 건 조선어학회는 대정 8년(1919) 만세소요사건의 실패에 비추어 조선의 독립을 장래에 기약하는 데는 문화운동에 의하여 민족정신의 환기와 실력향상을 급무로 삼아서 대두된 소위 실력양성운동이 그 출발의 봉오리였음에 불구하고, 용두사미에 그쳐서 본령을 충분히 발휘하지 못하였더니, 그 뒤를 받들어 소화 6년(1931) 이래로, 피고인 이극로를 중심으로 하여 문화운동 중 그 기초적 중심이 되는 위에서 말한 바 어문운동의 방법을 취하여 그 이념으로써 지도이념을 삼아 가지고 겉으로 문화운동의 가면을 쓰고 조선독립을 목적한 실력양성단체로서, 본 건이 검거되기까지 10여 년이나 오랫동안 조선민족에 대하여 조선의 어문운동을 전개하여 온 것이니,

시종일관 진지하고 변치 않은 그 활동은 조선어문에 쏠리는 조선인심의 기민에 부딪쳐서 깊이 그 마음속에 파고 들어 조선어문에 대한 새로운 관심을 일으키고 여러 해를 거듭해 내려오며, 편협한 민족관념을 북돋아서 민족문화의 향상, 민족의식의 앙양 등 그 기도하는 바 조선독립을 위한 실력신장의 수단을 다하지 아니한 바가 없다.[6]

기소이유서에 나타난 바처럼 일제가 조선어의 연구와 사전편찬 작업을 얼마나 두려워했는가를 알 수 있으며, 이를 탄압하는 것이 바로 조선민족정신의 말살책으로 이어지게 되었다.

혹독한 고문, 전향거부

최현배 등 구속된 민족지사들은 혹독한 고문을 당했다. 일제는 이들을 조선 최악의 민족주의자들로 규정하면서 가혹하게

다뤘다. 그리고 전향을 강요했지만 끝내 거부하였다.

> 나는 삼십여 명의 동지들과 한 일 년 동안 홍원경찰서에서 비행기를 타고 기절하였고, 물을 먹고서 까물어졌으며, 목총으로 머리를 난타맞아 유혈이 낭자하였고, 곤장을 맞아 등과 궁둥이가 터졌으며, 발길로 종아리를 채여서 워낙 상하였기 때문에 40도의 신열이 나고 앓았으며, 쇠꼬챙이로 전신을 쑤시고 손바닥으로 뺨을 맞기는 항다반의 일이었다.
> 이러한 달초에 짝하여 갖은 모욕과 천대를 받았다. 이것이 나 하나만의 겪음이 아니라 삼십여 동지들이 똑같이 겪는 바이며, 그 밖에 우리들의 가족과 친구들까지 불려와서 모욕과 박해를 당하였다. 조선어학회 사건! 이것이 일제 최후의 발악으로서 우리 겨레에게 영구 불멸의 인상을 주었던 것이다.[7]

일제는 내세우기는 내선일체, 동조동근 따위를 선전하면서 조선어를 말살하고 이를 연구하고 보급하는 인사(단체)들에 대해서는 다른 어떤 항일단체보다 가혹하게 다뤘다. 일제가 1912년 데라우치 총독 암살음모 사건을 날조하여 신민회 회원 등 600여 명을 구속하고 이들 중 105인을 기소하면서 혹독하게 고문·치사한 이래 최대 규모의 사건이었다.

조선어학회 사건으로 구속되었던 이희승은 일제 검·경의 조사와 형정의 잔학상에 대해, "고문을 당해가며 자백서 쓰기를 강요받았다. 쓰고는 맞고, 맞고는 또 쓰고, 쓰고는 맞고, 맞고는 또 쓰고, 쓰고는 비행기를 타고, 타고는 또 쓰고, 쓰고는 물을 먹고, 먹고는 또 쓰고, 이런 일들을 4개월간 반복하는 것이 피의자들의 일과였다."라고 밝힌 바 있다.

조선어학회 사건을 담당하면서 심한 문초와 잔혹한 고문을 가한 '인간 백정'들은 홍원경찰서와 함경남도 경찰부 측이었다. 그러나 당시 일제 경찰은 전국 어느 곳에서나 조선인 민족주의자들에게 비슷한 형태의 고문과 잔학행위를 일삼았다. 다시 최현배의 증언이다.

우리는 홍원에서 일 년 동안 달초를 받고 함흥감옥으로 끌려갔다. 그리하여 전후 찬 삼 년 동안에 주림과 추움, 병고와 고독, 모욕과 박해가 시시각각으로 나의 몸과 마음을 침노하였다. 그러나 나는 속속의 마음에서 털끝만치도 뉘우치지도 않고 실망하지도 않았다. 나의 우리말 우리글의 연구는 그대로 계속되었다.

홍원 일 년 간은 도무지 한 자의 글도 읽을 자유가 없었다. 나는 여기서 책 없이 나의 연구의 일을 이어할 것으로 수십 년래의 숙제인 한글 가로글씨의 완성을 뜻하였다. 종이도 없고 붓도 없고, 물론 먹도 없다. 그렇다고 버젓하게 손가락으로써 방바닥에나마 마음대로 그려 보는 자유조차 없다. 나는 혹은 나의 손바닥에 그리고, 혹은 나의 손을 입은 옷 속에 넣어 손가락으로써 나의 살갗 위에다가 그리는 것이 예사이며, 밤에 누워서는 이불 속에서 이불에 그리었다. 이 가로글씨와 연구는 함흥감옥으로 옮아가서도 여전히 계속되었다. 그리하여 필경에 성안을 얻었다. 얻은 뒤에도 쉬잖고 되풀이하여 그리었다. 이만 하면 하는 때가 왔다.[8]

최현배는 감옥에서 재판을 받으면서도 한글연구의 끈을 놓지 않았다. 그의 치열한 나라사랑과 학구정신을 읽을 수 있다.

그러나 이를 어찌할까? 수십 년 만에 갖은 곤란을 겪으면서 겨우 이뤄진 이 가로글씨의 벼름案을 어떻게 해야만 세상에 전할 수 있는가? 옥중에 있는 이 목숨은 아침에 저녁을 기약할 수 없다. 평생을 같이 하는 한글 동지들이 옥중의 이슬로 사라짐을 엿들어 알았다.

뉘가 제 죽을 날을 알리오마는 독감방에서 해를 보내고 해를 맞는 나의 마음은 더욱 나의 생명 그것보다도 오히려 나의 생명의 댓가 한글 가로글씨의 벼름의 운명 그것에 휘감기어 있었다.

나는 어느 때에 연필과 종이를 손잡을 기회를 얻었다. 그래서 이 기회를 이용하여 연필로써 종이쪽에 나의 가로글씨 벼름을 적어서 그것을 나의 입고 있는 솜바지의 솜 속에다 숨겨 두고서 우리 집에서 헌옷 찾으러 오는 것만을 기다리고 있었다.

겨울은 가고 봄이 왔다. 봄옷을 갈아입고 겨울옷은 벗어서 옆에 두고서 집사람이 오기만 고대하고 있었다. 사람은 오지 않고 아침마다 방안 검사를 받는다. 나의 마음은 한없이 졸리었다. 다행히 끝내 발각되지는 않고 그 옷이 바깥으로 나가게

되었다.[9]

최현배는 같은 감옥으로 들어온 두 청년에게 한글을 가르쳤다. 자신은 옥사하더라도 그들은 살아남아 출옥할 수 있으리라 기대한 때문이었다.

나는 4년째 되던 해에 한 방에서 다른 두 청년과 같이 살게 되었다. 나는 이 두 청년에게 나의 한글 가로글씨를 가르치기 시작하였다. 초석을 엮은 새끼를 줄삼아서 자획의 높낮이를 분간해 가면서 가르쳤다. 하루 저녁에는 어두운 가운데에 이를 가르치다가 창으로 들여다보는 일인 간수에게 들키었다. 무엇하느냐고 꾸짖는 물음에 나는 영어를 가르친다고 둔사를 꾸며 겨우 그 고형을 면하였다. 두 청년은 열심히 배웠다. 젊은이는 생명을 보존할 가능성이 더 많다고 생각하기 때문에, 그네들이 나의 최후적인 부탁을 경홀히 하지 아니하였다.[10]

함흥감옥 옥중기

교활한 일제는 조선어학회 지사들의 재판을 질질 끌어갔다. 미결상태를 유지하면서 고문을 가하고 전향을 시도하려는 책략이었다. 일제강점기 총독부는 독립운동가나 민족주의계열 인사들을 구속하고는 몇 년씩이나 재판을 이어갔다. 이 기간 최현배의 옥중기이다.

함흥 감옥살이

옥중 생활 찬 세 해에 나의 생각을 가장 많이 차지하여 심하게 괴롭힌 것은 언제나 먹기食事에 관한 일이었다.

콩밥 한 덩어리를 받아서 이것을 조금씩 떼어서 입 안에 넣는다. 주린 창자는 이 입 안에 들어온 콩밥 조각을 얼른 내려 보내라고 간절한 전령을 한다. 만약 그 요구에만 응하기로 한다면, 그 콩밥 덩어리는 오 분은커녕 이 분이나 삼 분이면 그만 먹어 치우고 말게 될 것이지마는, 살고자 하는 이성의 명령은 그래서는 안 되나니, 마땅히 오래 씹어 먹어야만 능히 영양을 유지할 수 있은즉 천천히 오래 먹으라고 추상 같은 명령을 내린다.

나는 주린 배를 안고서 이 이성의 명령을 좇는 것이었다. 콩밥 한 조각을 떼어 입에 넣고서는 머릿속으로 하나, 둘 셋……하면서 세어서 열이 차면 손가락을 하나씩 꼽아 간다. 그래서 팔십 번도 씹고, 백 번도 씹고, 백열 번, 백 스무 번도 씹고, 어떤 때에는 일백 육십 번까지 씹은 것이 최고의 기록이었다.

이런 모양으로 씹으면서 나는 생각하는 것이었다. 사람은 먹고야 사는 것이로구나. 오십이 되도록 밥을 먹고 살아 왔지마는 사람이 밥 먹고 사는 줄을 감옥 생활에서 비로소 깨쳐 알았다. 이러기에 이 세상에는 이 귀중한 밥을 얻고자 무엇이든지 아낌없이 바치는 것이다. 정조도 바치고, 절개도 바치고, 제 육체도 바치고, 정신도 바치며, 인격조차도 바친다. 절개를 찾고, 정조를 지키고, 인격을 두호하려면 이 세상에서 밥이 귀한 것은 당연한 귀결이다.

이제 우리는 겨레의 일을 붙들고 나라의 옳음을 지키기 위하여, 적고 모자라는 밥을 가려잡은 것이다. 이 옥중에서 이 이상의 먹이를 구해 얻을 수는 도저히 없다. 사식을 사먹어 보아도 조금도 더함이 없다. 오히려 배가 더 고프다. 그것도 그만두고, 가을 겨울철에 함흥 사과를 하루 이십 전어치씩 사먹기를 허락되었다. 장바닥에서 굴고 굴다가 반쯤 썩었기 때문에 도저히 돈 받고서 팔 소망이 없는 사과만이 우리 같은 옥중살이하는 사람에게 팔려 오는 것이었다.

그래서 우리 동지들은 대개가 하루 이 반쯤 썩어빠진 사과 두세 개를 정한 요식 밖에 받아 먹게 되었다. 이것만은 덤의 먹이이다. 참 반가운 것이다. 썩은 사과가 어찌 그리도 맛난지, 세상에 선미란 말이 있지마는 그 자리 그 때의 사과 맛이란 과연 선미 그것이었다.

얼썩은 사과 두셋이 어이 그리도 쉽사리 없어지는지, 꺼풀, 심 할 것 없이 마구 먹는 것이다. 나중에는 그 씨까지 먹는다. 사과 씨의 맛은 세상 사람은 다 모를 것이다. 사과 씨의 맛은 사과 맛과는 같지 않다. 씨에는 씨 독특한 맛과 향기가 있어 정말 별미이다.

함경도이라 간혹 명태 대가리를 얻어 먹는 일이 있다. 여느 뼈, 관자뼈는 말할 것 없이 쉽사리 다 먹어 치운다. 다 먹어 치워도 다만 그 대가리 속에 든 두 쪽의 돌만은 도저히 씹어 먹을 수가 없다. 그 하얀 돌을 들고 앉아서 이 놈까지 어떻게 하면 먹을 수 있을까? 하고 안타까워한다.

한 끼니의 콩밥을, 한 입의 것을 백 번 넘어 씹어서 다 먹고 할 일없이 앉아 있노라면, 간수가 옆의 방을 들여다보고서 "이 희승, 아직도 먹고 있나? 벌써 점심이 들어오게 되었다"하고 놀리는 소리가 들려온다.

이 말소리를 들은 나는 이님의 먹는 방법을 상상해 보는 것이었다. 도대체 이님은 한 입을 몇 번이나 씹기에 나보다는 이 배, 삼 배의 시간이 드는가? 그는 아마도 이백 내지 삼백 번은 씹는가 보아. 이 감옥에서 오래 먹기로는 이희승 님이 유명하였으며, 옥살이 삼 년에 한 번도 의사의 신세를 지지 아니한 이는 오직 이님 한 사람이었다. 옥중에서 이슬로 사라지고 만 아무 아무 동지들은 아마도 콩밥을 많이 오래 씹지 아니하였던 것이 분명하다고 나중에 생각되었던 것이다.

감옥살이에서 동방 죄수하고 다퉈 보지 아니한 사람이 아마도 없을 것이다. 그 다툰 사유는 다 먹는 것에 관한 일임이 틀림없다. 우리 나라 속담에 '남의 밥의 콩이 굵다'하는 것이 있거니와, 과연 감옥에서 남의 밥이 콩이 굵은 것으로 비친다. 제각기의 밥 덩어리를 받으면서 옆눈으로 살피는 것은 어느 밥 덩어리가 더 큰가 하는 것이다. 젊은이도, 늙은이도, 도둑놈도, 신사도 누구누구도 다 꼭 마찬가지다. 인간의 동물성은 감옥에서 가장 노골적으로 장난하는 것이었다.

요사이 우리 집에는 강아지 두 마리가 있는데, 밥을 줄 적에는 반드시 두 그릇에 따로따로 담아서, 좌우 손에 각각 한 그릇씩 들고서 활개를 쫙 벌리고서 동시에 두 놈에게 준다. 두 놈이 각각 제 것을 부리나케 먹으면서 옆눈을 흘겨 가면서 다른 놈의 밥그릇을 보다가는, 한 놈이 제 것을 다 먹기도 전에 반드시 다른 놈의 것을 빼앗아 먹으러 간다. 약한 놈은 제 것을 빼앗기고는 강한 놈이 남기고 간 그 그릇에로 찾아갔다. 그러면 빼앗아 먹던 그놈은 다시 제 본 그릇으로 돌아와서 약한 놈을 쫓아낸다.

그러다가, 어떤 때는 격분하면 서로 물고 다툰다. 아무리 두드려도 놓지 아니한다. 하다못해, 필경엔 냉수를 끼얹으면 그제야 서로 헤어진다. 물린 자리에는 가죽이 뚫리어 붉은 피가 흐른다. 그러나, 조금만 지나면 두 놈은 다시 의좋은 듯이 잘 논다. 놀다가도 먹을 것을 보면 또 으르렁거리고 다툰다. 나는 이것을 볼 적마다, 지나간 때 옥중에서 생각하던 광경을 눈앞에 되고는 것 같은 생각이 난다.[11]

4년형 선고 받고 불복상고

최현배 등 조선어학회 회원 33인은 함경남도 홍원경찰서에서 1년 동안 고문을 당하면서 문초를 받다가 함흥형무소로 이송되었다. 그중 일부는 기소유예로 석방되고 나머지 16명은 기소되어, 예심으로 1년여 동안 옥고를 치르는 도중에 이윤재·한징 두 분이 옥사하였다.

살아남은 14명 중 2명은 면소되어 나가고 최현배 등 12명은 1944년 12월 살을 에는 함흥형무소에서 아홉 차례나 공판을 받았다. 1945년 1월 16일에 2년 내지 6년의 선고를 받은 사람이 13명, 무죄가 1명이었다. 최현배는 4년형을 선고받았다.

유죄선고를 받은 이 중에서도 일부는 집행유예로 풀려나고 최현배·이희승·정인승 등 4명은 일본인 판사의 복종 권유를 뿌리치고 끝내 불복을 선언, 서울 고등법원에 상고를 하였다. 그리고 해방 이틀 전인 1945년 8월 13일 고등법원에서 상고기각 판결을 받았다.

우리 네 사람은 상고를 하여 놓고, 반년이 넘도록 감방에서 기다림의 세월을 보내었다. 처음에는 상고 재판을 받으러 서울로 올라가기를 기다렸지마는, 지리한 감방에도 세월은 흘러감에 따라 바깥 세상의 형편의 변해 감을 기미 채게 되었다.

간간이 감방 안에서 공습 경보로 불을 끄고서 캄캄한 밤을 새우기도 하다가, 5월 어느 날에는 독일의 무조건 항복의 소식을 새어듣게 되었다. 그날따라 나를 제 방으로 불러다가 조선의 고래의 사회상의 설명을 들어 가면서 적던 감옥 교무과장 이시우라石浦가 아무 예고 없이 그 호출을 중단함을 본 나는 무슨 긴박한 상태가 바깥에서 벌어져 감을 느끼게 된 것이다. 우리의 기다림의 애타는 심정은 독일의 뒤를 잇는 일본의 항복에만 쏠리었다.

언제나 올 것인가? 언제나 올 것인가? 가슴 깊이 자나깨나 한 가지 생각뿐이었다.[12]

최현배 등에게 일제가 붙인 죄명은 치안유지법 위반이었다. 달리 표현하면 조선민족 독립운동이었다. 기소이유서에서 드러난다.

소위 어문운동은 민족 운동의 한 형태로서 민족 고유의 언문의 정리, 통일 보급함으로써 민족 고유 문화의 쇠퇴를 방지할 뿐 아니라 그 향상 발전을 가져오고, 문화의 향상은 민족 자체에 강한 반성적 의식을 가지게 하고, 강렬한 민족 의식을 배양함으로써 민족에게 독립 의욕을 일으키어, 정치적 독립 달성의 실력을 양성함에 그 목적이 있다.[13]

최현배는 약골로 태어났다. 어릴 적부터 몸이 약한 편이어서 누구보다 일경의 극심한 취조와 고문, 옥살이가 견디기 어려웠다. 징역도 일행 중 두 번째 장기인 4년형을 선고받았다. 그의 건강상태를 직접 들어보자.

나는 선천적으로 퍽 약하게 태어났다. 어려서 어머니나 누나의 등에 업혀 나가면, 바람이 분다고 치마로 머리를 덮어 씌워 달라고 하기가 일쑤였다 한다. 서당에서 한문을 공부할 적에 선생은 나에게 글을 조금씩밖에 가르쳐 주지 아니하였다. 그것은 나의 기질이 약하기 때문에 많이 가르쳐서 공부의 부담을 과중하게 함은 신체에 해롭다고 생각한 때문이었다(오늘날 어린 이들을 몹시도 시다루는 초등 교원들의 반교육적 심정을 돌아보라).

서울로 올라와서 중등학교를 다닐 적에 남 아니하는 각기병으로 언제나 의사와 약과 친하였고, 일본의 히로시마 고등사범학교에 다닐 적에는 한 2년 동안은 항상 고독과 함께 약병과 친하였다. 이삼 년 전에 탈장 수술을 받은 일이 있었는데, 그 담당 의사는 나에게 대하여, "선생은 두뇌의 힘으로 살아 왔고, 신체의 힘으론 살아 오지 않았다"고 말하였다.[14]

최현배는 일제강점기 신의주형무소와 함께 가장 춥고 혹독했다는 함흥형무소에서 '한글 연구'라는 단심으로, 두뇌의 힘으로 옥고를 견디었다.

조선어학회 사건에 대한 평가

조선어학회 사건은 한글운동사, 아니 민족사에 어떤 의미가 있을까? 일제 말기 암흑과 집단 변절의 시기에 소수나마 민족적·학자적 양식을 지키고자 했던 이들의 피맺힌 신념과 저항이 있었기에 우리말과 글은 명맥을 이을 수 있었다.

몇 분 연구가들의 의견을 뽑았다. 먼저 친일파 연구가 임종국의 견해를 들어 본다.

피가 물보다 진하듯이, 언어가 피보다 진해야 하는 까닭은 단일 언어로서 결합된 복합 민족이 지구상에 얼마든지 존재하기 때문이다. 조선인일 수 있는 마지막 표상表象을 말살하려 한 일제의 어문 탄압은 따라서 질적으로 볼 때, 일제 탄압의 최종·최후적인 형태이었다.

다음 또 하나는 시기적 측면에서의 마지막 탄압이다. 수양동우회를 없애고, 흥업구락부를 박멸한 일제는 마지막으로 조선어학회에 손을 대었다. 이 사건이 경찰·법정에 계류중일 때 국내에서는 민족·반제反帝 진영이 거의 와해하다시피 되어 있었다.

신사참배를 거부하던 교회 세력도 굴복하였고, 좌·우의 반제 세력은 대화숙大和塾의 사상전사로 신도실천을 외우곤 하였다. 최후의 민족 보루堡壘에 대한 최종적 박멸 공세가 1942~45년에 걸쳐졌던 조선어학회 사건이다.

이 마지막 탄압에서 조선어학회는 승리의 월계관을 획득하였다. 수양동우회 사건은 목사 정남수가 친일·전향 메시지를 미국으로 발송하는 등 기타 다수의 민족 인사를 변절시켰다. 흥업구락부도 전향 성명서를 발표하면서 2,400엔을 국방헌금하였다.

그러나 조선어학회는 그들이 출옥하던 1945년 8월 17일까지 그러한 전철에서 초연하였다. 조선어를 없애기 위한 마지막

탄압에서 일제는 패배의 쓴 잔을 마시고야 말았던 것이다.[15]

다음은 이현희 교수의 기록이다.

요컨대 일제 강점하의 조선어학회의 국학진흥 운동은 민족 문화의 결사적 수호라는 입장에서 민족 운동적인 차원과 수준으로 발전하여 한국민의 '얼'의 건재성을 만천하에 선포하였던 것이다. 더욱이 조선어학회는 최현배·이희승 등 쟁쟁한 국어학자들의 애국적인 열정에 의하여 시종 선비 정신으로 일관되게 '나라사랑'의 결의를 다짐하되 민중 속에 뿌리를 박고 전개하였기 때문에 찬성과 지지를 받을 수 있었던 것이다.

조선어학회의 국학진흥 운동은 민족 구국 운동적 차원에서 평가받아야 할 것이다.[16]

다음은 김구진 교수의 기록이다.

조선어학회의 활동은 이러한 언론과 교육의 이념과 굳게 결합되어 민족운동으로 전개되었다. 조선어학회의 한글 연구와 언론계의 전파와 교육의 보급-이 세 가지가 삼위 일체가 되어 국내에서 추진한 민족 독립운동이었던 것이다.

조선어학회 사건은 하나의 단순한 언어 학회의 우발적인 사건이 아니라, 조선어학회에서는 한글의 연구와 보급이 곧 우리의 민족혼을 일깨우고 민족의 자주 독립을 쟁취하는 길이라 생각하여, 국내의 학자들이 추진한 독립운동의 일환이었기 때문에 이 사건은 실로 중요한 역사적 의의를 갖는다고 하겠다.[17]

김상필 전 국립중앙도서관장의 기록이다.

그때는 미국의 본격적인 반격을 받아 일본의 전세는 이미 수습이 불가능한 경지에 이른 때였다. 경무국은 각 도 경찰부에 1급 비밀 지령을 내렸다. "요시찰인 중에 특히 위험 분자로 인정되는 자는 모조리 예비 검속하라"는 엄명이었다.

이 비밀 지령을 받은 함남경찰부는, 조선어학회 사건은 필경 이 지령에 해당시켜 처리하라는 지시라고 억지, 아전인수我田引水 격인 해석을 붙여 가지고는 강경한 기소 방침을 세운 뒤에 부랴부랴 조서 작성에 착수키로 한 것이다.[18]

시인 이은상이 이 사건에 연루되어 감옥에서 지은 「평생을 배우고도」의 전문을 소개한다.

미처 다 못 배워
인제사 여기 와서
ㄹ(리을)자를 배웁니다.
ㄹ(리을)자 받침 든 세 글자
자꾸 읽어 봅니다.

제 '말' 지켜라.

제 '글' 지켜라.

제 '얼' 붙안고

차마 놓지 못하다가

끌려와

ㄹ(리을)자 같이

꼬부리고 앉았소.[19]

5장

옥중에서
지은 시조

함흥형무소에서 읊은 시조

일제는 조선 강점기 모든 수인囚人들에게 감옥(형무소)에서 일체의 집필 행위를 금지시켰다. 필묵의 차입을 막고 고전·종교·건강관련 이외의 서적 반입도 봉쇄했다. 이같은 못된 악습은 해방 후 이승만, 박정희, 전두환 시대까지 이어졌다.

최현배는 3년여 동안 감옥에서 글을 쓸 수가 없어서 짧은 시조를 지어 머릿속에 간직했다가 해방 후 이를 종이에 옮겼다. "그 동안에 나는 외로운 정을 위로하고자 간혹 시조를 지어 속으로 읊었다. 홍원 경찰서에서 읊은 것은 다 잊어버렸고, 함흥 형무소에서 읊은 것만은 더러 남아 있으니, 그 된 품은 보잘것없으나, 나에게는 버릴 수 없는 기념물이라서, 이를 적어서 나를 사랑하는 친지들에게 보내기로 하였다."고 한다. 그리고 이를 해방 후 우리말 잡지 『한글』에 발표하였다.

이렇게 하여 남아 있는 최현배의 '옥중 시조'를 소개한다.

함흥 형무소

반룡산盤龍山 좋다 하여, 유산차遊山次로 예 왔느냐?

성천강 맑다 하여, 뱃놀이로 예 왔느냐?

아니라, 광풍狂風이 하 세니, 지향없이 왔노라.

벽돌담에 둘러서, 열 길이나 높아 있고,

겹겹이 닫힌 문에, 낮밤으로 지켜 있다.

지상이 척척咫尺 곧 천리千里라 저승인가 하노라.

나날의 살이 日常生活

나는 독방에서 두 해를 보내었으니, 나의 동무는 오직 책뿐
이었다. 붓도 종이도 없고, 다만 나날이 시력視力이 줄어드는 눈
으로 책을 보는 것뿐이었다.

아랫목은 식당되고, 윗목은 뒷간이라,

물통을 책상하여, 책으로 벗삼으니,

봄바람 가을비 소리, 창 밖으로 지나다.

앉으니 해가 지고, 누우니 밤이 샌다.

보느니 옛글이요, 듣느니 기적이라.

궁금하다, 세계사 빛이 어드메로 도는고?

옥살이는 아침 일어나기로부터 먹기·일하기·자기가 다 구령

으로 하게 된다. 단조로운 생활이 이 구령으로 말미암아 더욱 견디기 어렵게 되는 것이다.

벽력 같은 기상 호령, 놀라아 일어나니,
네 벽만 들려 있고, 말동무 하나 없다.
외로운 독방 고생은, 새벽마다 새롭네.

홍원경찰서 이래로, 옥창 밖에 와 지저귀는 까치 소리는 갇힌 이들에게 말할 수 없는 충동을 주는 것이었다.

쓸쓸한 감방 속에, 홀로 앉았으니,
창 밖에 까치 소리 아침 볕에 분명하다.
오늘이 며칠날인고, 기쁜 소식 오려나?

기한
배부르기와 몸가짐의 자유와는 사람의 가장 원본적 기초적 요구이니, 감옥살이는 요컨대 이 두 가지를 박탈당한 생활이다.
이는 다 몸으로 겪지 않고는 그 진정한 맛을 모르는 바이니, 이 노래의 뜻도 또한 그러하여, 그런 경험을 가진 이라야 능히 그 참뜻을 맛보리라.

하루 세 번 콩밥덩이, 먹고 나니 한둥 만둥,
젓가락 놓자마자, 다음 끼니 기다린다.

겨울밤 춥고 또 길어 아침 되기 정 멀다.

시커먼 수수콩밥, 달기가 꿀 같으며,
바늘 뼈, 소금국도 금보다 소중하다.
사람이 밥먹고 사는 줄, 쉰 살에야 알레라.

지옥에도 정이 있다. 더구나 우리 어학회 동지들과 같은 사상 죄수들은 다른 죄수나 혹은 간수에게서 동정을 받는 일이 간혹 없지 아니하다.

주린 배 움켜쥐고, 맥없이 앉았을 제,
고맙다, 어떤 이가 먹을 것 넣어 준다.
이 목숨 길이 붙들어, 좋은 일로 갚으리.

우리 집 아내나 아이들이 나에게 먹을 것을 넣어 주려고 많은 애를 쓰련마는, 워낙 철통 같은 옥이매, 그것이 들어올 수가 없어 속절없이 굶주려 죽어 가는 목숨에게 한 덩이의 먹이가 얼마나 깊은 감사의 정을 자아내는지는, 바깥 세상에서는 일찍이 상상하지도 못하던 바이다.

나는 이러한 고마운 정을 받을 적마다, 훗날에 세상에, 조선 겨레에게 좋은 일 유익한 일을 많이 하여서, 이 고마움을 갚겠다는 굳은 결심을 하는 것이었다.

대개, 나는 교만한 일본의 패배와 조선의 자유 회복을 확신하고 있었기 때문이다.

　배고프고 추운 것은 사람살이의 가장 나쁜 일이요, 사람으로서 마소 같은 취급을 받는 것은 분하기 짝이 없는 일이다.

　입은 옷 뒤지 한 장, 소유의 전체이요,
　욕설과 매질하기, 학대의 극한이라.
　빈천貧賤의 참된 그 뜻을, 인제 겨우 깨쳤네.

　주리고 병든 죄수들은 아무 죄 없이 잔학스러운 간수들의 병태적 만족의 대상이 되어, 아침 저녁으로 여기저기서 아우성을 치게 되는 일이 항다반이다.

　얼굴은 잿빛이요, 사지는 거미발이라.
　고픈 배 움켜 안고, 추워서 벌벌 떤다.
　게다가 때때로 매 맞으니, 생지옥이 예로다.

사철四時
　사람의 길이 막힌 옥중에도 사철은 찾아들어, 갇힌 이의 시름을 자아낸다.

　쓸쓸한 철창 밖에, 새소리 요란기로,
　고단 몸 일으키어, 목 빼어 내다보니,
　민들레 고이 피었다. 봄 왔는가 하노라.

때 맞은 좋은 비가, 밤 사이 그치었네.
검은 구름 흩어지고, 푸른 하늘 나타난다.
창 밖에 높은 산 얼굴, 아침 볕에 새롭다.

흰 물결 출렁출렁, 들논에 들어차고,
생생한 새 잎사귀, 가지마다 푸르렀다.
장할손 생명의 힘이, 온 천지에 찼도다.

찌고 볶던 삼복 더위, 어느덧 물러가고,
쌀쌀한 가을 기운, 옥방에 스며든다.
철수는 어김이 없건만, 들어갈 날 언젠가?

저녁 밥 먹고 나서, 구령 따라 누웠으니,
잠은 오지 않고, 벌레 소리 요란하다.
가만히 눈을 떠 보니, 밝은 달이 비친다.

반룡산盤龍山 건들바람, 우짖고 불어오니,
낙엽이 요란하게, 유리창을 두드린다.
알괘라, 모진 추위 앞잡인가 하노라.

차디찬 이부자리, 길이조차 짜르고녀,
긴 밤이 다 새도록, 이리 뒤척 저리 뒤척,
두어라, 잠이 아니 오니, 꿈꿀 줄이 있으랴?

어두운 새벽 일어, 창 밖을 내다보니,
새도록 오는 눈이, 천지에 가득 찼다.
물통에 얼음을 깨어, 수건 싸서 낯 씻다.

통신

옥중에서 한 가지 위안은 집안 식구들의 편지이었다. 그 중에
서도 큰아들의 편지에는 집안일을 말하면서 능청스럽게도 세
상 소식을 전해 주며, 더구나 세계 대전의 귀추를 암시해 온다.

기다린 나머지에, 큰 아들 편지 왔다.
종이에 넘친 말뜻, 위안과 소망이라.
그렇다, 이 몸 튼튼함이 최후 승리 된다고.

뜻밖에 차입왔다, 셋째아들 이름일세.
면회는 못 하니까, 왔단 소식 전함이다.
아이야, 무엇하러 또 왔나, 아비 위해 애쓴다.

면회

갇힌 이들의 옥살이에서 반갑고도 섭섭한 것은 번개 같은 가
족과의 면회이다.

잡혀 온 지 한 해 넘어, 처음으로 면회한다.
온갖 상상 그리면서, 끌리어 나가 보니,

아내의 날보고 하는 말, 자식 혼사 어쩌나?

이런 일 당할 줄은 미리부터 짐작이라.
슬픈 빛 별로 없이, 웃는 말로 돌아선다.
그렇지, 지악한 세상이라 큰 맘으로 이기세.

귀여운 막내 아들, 그립고 그립더니,
집 떠난 네 해 만에, 면회하러 찾아왔다.
그 몸이 튼튼 자랐으니, 무엇보다 기쁘다.

차 안서 잠 못 자고, 온종일 기다리다,
번개로 만나보고, 홀홀히 돌아선다.
아이야, 몸조심하여 머나먼 길 잘 가라.

몇 마디 말 못 하고, 떼 됐다 쫓아낸다.
감방에 돌아와서, 저녁 먹고 누웠으니,
그 얼굴 눈에 삼삼하여, 잠 못 이뤄 하노라.

임 생각

조촐한 이내 몸이 옥살이하게 된 것도 나라 없는 탓이거니
와, 게다가 끝판에 가까와 가는 세계 대전의 귀결을 생각하게
되매 나라 잃은 나라의 생각이 더욱 간절하다.

바람 불던 그 어느 날, 우리 임 가고 나니,
산천은 의구依舊하나, 쓸쓸하기 그지없다.
동천에 높이 뜬 달도, 임 찾는가 하노라.

임이여 어디 갔노, 어미데로 갔단 말고?
풀나무 봄이 오면, 해마다 푸르건만,
어쩔다 우리의 임은, 돌아올 줄 모르나.

임이여 못 살겠소, 임 그리워 못 살겠소.
임 떠난 그날부터, 겪는 이 설움이라.
임이여, 어서 오소서, 기다리다 애타오.

봄맞이 반긴 뜻은, 임 올까 함이러니,
임을랑 오지 않고, 봄이 그만 저물어서,
꽃 지고 나비 날아가니, 더욱 설워하노라.

봄물이 출렁출렁, 한강에 들어찼다.
돛단 배 올 적마다, 내 가슴 두근두근,
지는 해 서산에 걸리니, 눈물조차 지누나!

강물이 아름아름, 끝간 데를 모르겠고,
버들가지 추렁추렁, 물 속까지 드리웠다.
이내 한 길고 또 길어, 그칠 줄이 없어라.

[한강=큰 강, 大江, 漢江, 온 강, 滿江, 全江]

공부-청년에게 줌

나는 원래 공부를 좋아하며, 또 청년을 가르치기를 즐긴다. 나의 사랑하는 조선의 젊은이들에게 나의 좋아하는 공부를 권하는 노래를 선사하자, 그리하여, 영원히 달아오는 무수한 조선의 젊은이들을 가르치자—

이것이 가르치는 자유를 아주 잃어버린 갇힌 신세의 진정이었다.

학해學海가 깊고 넓어, 피안彼岸이 아득하다.
목적지 바로 보고, 일심으로 가잖으면,
한 벌에 헤맬 뿐이니, 닿을 줄이 있으랴.

젊은이 때 많다고, 마음을 놓지 마라.
광음光陰이 살과 같아, 덧없이 지나느니,
흰 서리 머리 위 질 때, 뉘우친들 어이리.

서늘한 가을만이, 공부에 맞을 건가?
봄 여름 겨울철이, 제각기 좋을시고,
젊은이 촌음을 아끼어, 열심히 배우라.
[한벌-大原, 海原, 沖]

해방

1945년 8월 15일, 교만한 일본이 드디어 정의의 칼 앞에 엎
디어 버리게 되자 굴레 쓴 조선에 기쁜 해방이 왔다.

15일, 16일 두 밤은 여전히 옥방에서 지낼새, 감격이 일찍 겪
어 본 일 없는 정도로 극도에 달하여서, 잠도 안 오고 시도 지
을 여유조차 없이 천사만려天事萬廬로 매롱매롱 뜬눈으로 두
밤을 세웠다.

17일에는 옥중 동지들과 손을 맞잡고 옥문을 나왔다. 마중
온 큰아들을 만나고 또 함흥 인사들의 극진한 대접을 고맙게
받았다. '조선 독립 만세'를 부르며 길을 돌았다. 친구들의 청에
의하여 다음의 노래를 썼다.

백두산 높은 봉에, 서운瑞雲이 애두르고,

삼천리 골골마다, 생명 봄 돌아왔다.

삼천만 합심 협력하여, 무궁 나라 터 닦세.[2]

6장

해방공간과
미군정시기

함흥형무소에서 해방을 맞다

일제는 태평양전쟁을 도발하여 총력전을 전개했으나 1942년 6월 미드웨이 해전에서 밀리면서부터 점차 수세에 몰리게 되었다. 1943년 2월 동맹국 독일군이 스탈린그라드에서 항복하고 9월에는 이탈리아가 연합군에 항복했다.

1944년 6월 연합군이 노르망디에 상륙하고 8월에는 연합군이 파리를 해방시켰다. 1944년 7월 25일 아베 노부유키阿部信行가 신임 조선총독이 되면서 일제의 수탈과 탄압은 극점에 이르렀다. 이해 8월 23일 '여자정신근로령'이 공포되고 각급 학교의 여학생을 군수공장에 동원하는가 하면 초등학교(국민학교) 학생들까지 소나무 가지와 목화뿌리 채취에 동원했다.

같은 해 11월에는 미군의 일본 본토 공습이 시작되었다. 일제의 패망은 초읽기에 들어갔다. 박춘금 일당은 1945년 6월 24일 친일단체 대의당을 조직하여 마지막 발악을 하고 있었다.

일제의 패망이 코앞에 다가오는데도 조선사회는 철저한 정보 통제와 '가짜뉴스' 때문에 일본군이 승전하고 있는 것으로 알고 있었다. 그래서 총독부와 친일 매국노들은 더욱 광분하여 '귀축영미'를 떠들고 동포들을 황군의 총알받이로 내몰았다. 옥중의 최현배와 그 동지들은 바깥세상의 정보를 알 턱이 없었지만, 잦은 공습경보 발령 등으로 어느 정도 낌새는 눈치 채고 있었다. 최현배는 함흥형무소에서 해방을 맞는다.

> 1945년 8월 15일 아침, 검방하러 온 두 간수 중 한 사람이 특히 명랑한 기분으로, 검사받기 위하여 방문 밖으로 나선 동방인 세 사람에게 한 번 저기까지 뛰어 보라고 격려 같은 말을 하였다. 참 이상하게 생각했다. 저 평소에 유달리 마음씨 좋은 간수가 우리에게 무언중에 기쁨의 소식을 전한 것이로구나!
> 낮이 못 되어서 일본의 무조건 항복의 소식이 새어 들어온다. 웅성 웅성 하는 소리가 감방 복도에 들리기도 한다. 한 방에 있던 두 청년이 불려나가고 돌아오지 않는다.
> "됐다. 다 됐다."[1]

일제 말기 조선사회의 내로라하는 지식인·언론인·학자 등 지도층 인사들이 친일로 변절했다. 용케 지절을 지켜왔던 식자들도 가막판에 훼절의 대열에 섰다. 최현배와 조선어학회 동지들은 끝까지 민족적 양심을 지키면서 감옥에서 해방의 날을 맞았다. 3천만 동포 중에 이날의 감격이 누구보다 컸던 사람은 이들이었을 것이다.

밤이 되니 밥 구멍에서 축하의 소주가 들어온다. 일하는 모범 죄수가 감옥 안의 약품으로 만든 모양이다. 한 잔 마시고 드러누워 있으니, 잠이 올 리가 없다. 밤새도록 이런 생각 저런 생각이 구름같이 일어나아 그칠 줄을 모른다.

창문이 밝아 16일이 되었건마는 우리 어학회 사람들은 불러내지 않는다는 소리이다. 상고한 때문이라고 한다. 17일 한낮을 지나서야 불러낸다.

간수장 방에 우리 네 사람은 한 자리에 모이었다. 간수장은 미국의 원자탄이 히로시마에 떨어지고 일본이 항복한 이야기를 하고서, 해방을 선언한다.[2]

국내의 동포들은 대부분 8월 15일 일제의 패망소식을 듣고 자유인이 될 수 있었지만 최현배 등 독립운동가들은 며칠이 지난 후에야 형무소에서 풀려나게 되었다. 풀려난 최현배와 동지들은 함흥 시내 소재 지인들의 집에 초대되어 대접을 받고 시내로 나가 군중들 앞에서 연설을 하는 등 해방의 기쁨을 만끽하고 18일 오후에야 서울행 기차에 몸을 실었다.

오후 4시 지나서 함흥 정거장으로 인도되어 기차를 기다렸으나, 좀처럼 오지 않는다. 밤 11시나 되어서 기차가 닿아 우리는 창문으로 들어가서 예비된 자리에 겨우 앉게 되었다. 기차는 사람 속에 파묻혀서 서울로 달아난다. 산천 초목이 다 새빛이다. '동진공화국東震共和國 만세'란 깃발이 산골 동네에 휘날

린다.

8월 19일 밤 9시쯤에 우리는 서울역에 도착하였다. 각각 마중군을 따라 제 집으로 돌아가고자 헤어졌다. 나는 행촌동 옛집으로 돌아와서 식구들을 반가이 만났다. 나는 자기 전에 내 공부방으로 가서 칠판을 찾아, 내가 감옥 안에서 골똘히 연구를 계속하여 수십 년래의 숙제인 한글의 가로글씨체를 완성한 것을 종이에다가 써 놓았다.

혹시나 밤 사이에라도 무슨 사변이 생기더라도, 그 글씨체를 세상에 전해 남기겠다는 생각에서였다.[3]

최현배의 우리말 연구·지킴의 정성과 노력이 이러했다. 3년여 만에 석방되어 만신창이가 된 육신을 가눌 새도 없이 옥중에서 연구한 한글 가로글씨체를 종이에 옮긴 것이다. 그리고 이튿날부터 조선어학회 동지들과 만나 다시 우리글 연구에 매진한다.

그 이튿날 아침에 우리 네 사람은 각각 식구의 부축을 받으면서, 안국동 선학원에 다른 동지들과 모이어서 한글학회 재건을 의논하였고, 그 다음날부터는 화동 학회 회관에 모여서, 한글과 우리말을 되살려서 민중을 가르칠 의논을 하였다. 아는 친지들은 정치 운동에 매우 바쁜 모양이었으나 우리 동지들은,

"그 일은 그 사람들에게, 이 일은 우리들에게."

고 생각하여, 조선어학회 재건 총회를 안국동 예배당에서 열고 재출발의 준비를 갖추었다.[4]

한글 가로글씨의 원조 '글자의 혁명'

"바쁜 꿀벌은 슬퍼할 틈이 없다"는 말이 있지만, 해방을 맞은 최현배는 잠시도 쉴 틈이 없었다. 귀경한 다음 날부터 동지들과 만나 한글학회 재건을 준비하고 '한글전용 촉진회'를 조직하여 한글운동을 폈다.

해방과 함께 우후죽순처럼 각종 정당·정치단체가 결성되었으나, 그쪽에는 눈길을 돌리지 않고 한글운동에만 열정을 쏟았다.

> 그 다음날에는 화동의 조선어 학회 회관에 모였다가 안국동 예배당에서 조선어 학회(한글 학회의 전 이름)의 재건 총회를 열었다. 이때 만주와 중국 본토에서 돌아온 군인들이 와서 교련에 긴급히 소용되는 교련용어를 지어 달라고 했다. 우리는 일본식 용어 '기착氣着'이 이미 우리말로 되었으니 그대로 쓰자는 일부의 주장을 꺾고서 '차려'를 쓰도록 결정하였다. 물론 그 밖의 낱말들도 지어 주었다.

> 이 총회에서 학회의 새 임원을 뽑아 그 맡을 바를 정하고, 자유 세계에서의 한글 운동의 앞날에 대한 계획들을 의논하였다. 화동의 회관 바로 앞의 윤보선 님의 집과 안국동 풍문 여자 중학교에서는 정치인들이 여러 모양으로 분주히 오가고 또 모이고 하였다. 우리는 해방된 겨레, 도로 찾은 한배 나라를 섬길 길은 우리 말글을 펴고 가르쳐 더욱 그 광휘를 빛나게 함에 있

다고 생각하였다.[5]

최현배는 '한글전용 촉진회'를 통해 한글운동을 펴는 한편 젊은 동지들로 조직된 '한글 보급회'를 지원하며, 시민들에게 한글 맞춤법과 한글전용의 중요성을 강연하였다. 최현배가 감옥에서 나오자마자 한글 관련 단체를 만들고 한글 보급 강연회를 연 것은, 곧 미군정청이 개설되고 군정이 실시되면 일본어 대신에 이번에는 영어가 극성을 부릴 것에 대비한 것이다.

> 한글 가로글씨 연구회를 종로 국민 학교에서 모으니, 회중이 300명에 달하였다. 이 자리에 모인 각 연구자로부터 자기의 가로글씨 안이 제출되고, 그것이 그 회에서 뽑힌 9명 가량의 심사 위원들의 신중한 심사를 거쳐, 내가 3년 동안 옥중에서 계속 연구하여 수십 년 만에 완성한 나의 가로글씨 체제가 채택되었다. 나는 얼마 뒤에 한자 폐지론과 가로글씨론을 엮어 『글자의 혁명』이란 단행본을 간행하였다.[6]

최현배는 오래 전부터 '글자의 가로 풀어쓰기'를 주장해 왔다. 이같은 주장을 하게 된 것은 한글의 음운 글자의 본디 특성을 살림으로써, 한글의 과학적인 기계화에로의 접근을 꾀함에 있다고 본 것이다.

최현배는 이러한 생각에서 일제강점기 때부터 풀어쓰기에 대한 연구를 거듭하여 마침내 『글자의 혁명』(1947)을 정음사에서 발간하였다. 어떤 내용을 담았는지, 저자의 말을 인용한다.

> 『글자의 혁명』은 첫째 매는 한자 폐지론이요, 그 둘째 매는 한글의 가로글씨에 대한 이론과 창안에 관한 풀이이다. 배울수록 자주 더 어려운 한자 한문이 배달 겨레에게 미친 중대한 악영향을 거론하여, 해방된 우리 겨레가 앞으로 영구히 발전 번영하려는 그 근본 도리가, 저 어렵고 수많은 한자 쓰기를 그만두고 쉽고 편한 한글만으로써 국민의 글자살이의 대본을 삼지 않으면 안 되는 것을 역설하였다.
>
> 그 둘째 '한글 가로쓰기'에 관한 것은 우리 한글의 과학적 이용의 방도로서 이를 풀어서 가로쓰지 않으면 안 되는 이치를 풀이하고, 다음에 실제적으로 한글을 가로글씨 삼는 벼름案을 제시하였다. 그 이론은 '글자 심리'에 관한 학리를 응용하였고, 그 벼름은 국내의 여러 한글 학자들의 안을 거의 전부 수집하여 그 잘됨을 가지고 그 못됨을 버림으로써 그 벼름의 기초를 삼았다. 그러나 이것은 결코 남의 하는 이론과 실제를 그대로 채용하여 쉽사리 한 권 책으로 엮은 것은 결코 아니었다.[7]

한 세대 전만 해도 우리나라의 신문·잡지를 비롯해 대부분의 인쇄매체는 세로글씨체였다. 이것을 최현배 등 한글학자들이 가로글씨체로 바꾸면서 지금은 일반화되었다. 최현배는 이를 위해 감옥에서 지필묵도 없이 연구에 연구를 거듭했었다. 그는 가로쓰기의 과학성을 주장한다.

사람의 두 눈은 가로 박혀 있으며, 두 눈은 각각 가로 찢어져서 가로보는 얼안視野(보기벌)이 넓으며, 눈알의 움직이는 힘줄은 상하의 것보다 좌우의 것이 몇 배나 튼튼하다. 그러므로, 사람은 내리보기보다 가로보는 것이 훨씬 쉽다. 같은 길이의 줄이 언마는 세로 세우면 가로 눕힌 것보다 길어 보이고, 눈으로 그린 바른 네모꼴은 자로 재어 보면, 가로줄이 세로줄보다 약간 길다는 것이 판명되었다.

이는 내리보는 일이 가로보는 일보다 힘든다는 증거가 된다. 원숭이에게 바나나를 상하로 요동하면서 보이기 이레 만이면 그 원숭이가 근시가 되고, 가로 움직이면서 보이기는 몇 이레를 하여도 근시가 되지 않았다.

오래 전의 통계이지만, 일본의 소학 졸업생은 35%, 중학 졸업생은 45%, 대학 졸업생은 거의 70%가 근시안이 되었는데, 그 원인은 세로줄로 된 책을 읽는 일과 복잡한 획수의 한자를 읽기 때문이었다고 한다.

가로글씨는 결코 서양 글자의 흉내가 아니요, 인체의 구조와 생리작용에 정확한 근거를 가진 것으로, 세계 전 인류의 가장 자연스런 글자이다. 가로글씨는 결코 개인의 취미스런 장난이 아니다.[8]

거듭 말하거니와 최현배의 우리말·글의 사랑은 남달랐다. '사랑'에 머물지 않고 꾸준히 연구하고 개발하고 실천을 통해 보급하였다. 일제강점기에 시작된 그의 이같은 노력은 해방과 함께 도래한 미군정기에 이르러 계속되었다. 최현배는 이 책에 대한 자부심도 대단했다.

> 글자살이를 합리화하여, 문화생활의 과학과 능률화의 근본
> 스런 중대한 할일인 것으로, 겨레의 번영과 나라의 발전을 원
> 하는 과학적인 두뇌와 진취정신의 소유자는 당연히 이를 연구
> 촉진하지 않으면 안 된다. ─어떤 친구는 나의 지음 가운데 이
> 『글자의 혁명』이 뒷 세상인들에게 『우리말본』보다도 오히려 더
> 존중함을 받을 것이라고 평하였다.[9]

미군정 문교부 편수국장에 초빙돼

해방정국은 최현배 등 민족주의자들이 생각하는 것과는 크게 다른 방향으로 전개되었다. 3·8선이 갈리고 1945년 9월 8일 북위 38도 이남 지역에 미군이 진주했다. 이날부터 남한 지역에서는 미국의 군정이 실시되고, 12일 아널드 소장이 군정장관에 취임함으로써 본격적인 군정체제를 갖추었다.

최현배는 9월에 미군정청 문교부 편수국장으로 초빙되었다. 미군정이 한국 사정을 몰라서였던지 요직에 친일인사들을 다수 등용하여 민중들로부터 지탄을 받은 데 비해 문교부 편수국장에 외솔을 초빙한 것은 모쪼록 잘된 인사였다.

나는 해방 되던 해 9월에 미 군정청 문교부 편수국장으로의 초청을 수락하여, 군정이 끝날 때 까지 그 임무를 행하였다. 그때 군정청 월급이란 온 식구가 하루에 국수 세 끼니도 먹을 수 없을 만큼 박하였다. 그렇지만, 나뿐 아니라 누구나 다 보수의 적음을 탓할 겨를도 없이, 오직 모든 새로운 나라 경륜에 바빴다.

본시 가산이 넉넉한 사람이 아니면, 논밭이나 가재를 팔아 가면서도 이 새나라 창건의 일에 몰아쳐 일함을 무쌍의 영광으로 여기었던 것이다. 36년 만에 나라를 도로 찾았으니, 조국을 되세우기에 몸 바쳐 일하는 것은 최상의 영광이 아닐 수 없었다.[10]

원래 진솔한 학자는 권력이나 감투 따위를 탐하지 않는 법이다. 외솔 최현배도 다르지 않았다. 그런 그가 미군정청 편수국장을 기꺼이 맡은 것은 외국 군정기에 우리말과 글을 지키고 되찾은 나라의 학생들에게 이를 가르치기 위해서였다. 해서 그는 재임 3년 동안 좌고우면하지 않고 한글 관련 일을 열심히 하였다.

당시 우리 사회 지도층의 사람 70여 명으로 구성된 조선교육심의회의 교과서 분과 위원장으로서 나는 한 열 명의 위원들과 열성으로 연구 토의하여 드디어 한글만 쓰기로써 교과서를 꾸미기로 하되, 글을 가로줄로 하기로 결정하고 드디어 전체 회의에서의 통과를 보았다.

그 분과 위원들에는 조진만·피천득 같은 철저한 한자 폐지 이론가가 많았고, 가로글씨 의논에서는 이태규·조병욱·박만규 같은 과학자들이 있었기 때문에, 이 일이 올바로 결정되기에 큰 힘이 되었음은 다행한 일이었다.[11]

최현배는 일제가 짓밟고 간 황량한 터전에서 한글학회와 더불어 『중등국어 독본』 상하 두 권과 일반국민의 교재로서 『한글 첫걸음』을 지어 문교부에 제공하여 국민교육에 크게 기여하였다. 또 국민학교(초등학교)의 각 과목 교과서를 담당할 적임자를 선정하고 각지에서 열린 강연회에 초청받아 우리말 교육에 열정을 바쳤다.

나는 사흘만 지났더면 왜인의 총알에 쓰러졌을 몸이 해방의 덕택으로 목숨을 건졌다. 8·15해방으로부터의 나의 목숨은 덤으로 사는지라, 나는 이 덤으로 사는 목숨을 분골쇄신 나라와 겨레에 바치기로 작정하였다.

필동 관사에서, 어떤 철에는 아침엔 별을 이고 나가고, 저녁엔 달을 띠고 돌아오는 것이었다. 재임 3년 동안에 사무실에서 신문 한 장 읽은 일이 없어 오로지 교과서 편찬 사무에 관한 소임에 충성을 다하기에 여념이 없었다.

군정 3년 동안에 문교부 직원으로서 제주도 한 번 안 간 이가 오직 나 하나뿐이었으며, 조선교육 심의회가 오랜 동안 그임무를 다 마치고 경기여고에서 모두 모여 기념 사진을 찍을 적에도, 나도 참여해야겠다고 생각하면서도 끝내 참석하지 못한 안타까움이 아직도 나의 기억에 남아 있다.[12]

최현배와 함께 문교부 편수국에서 근무했던 한 후진의 회상이다.

국어교육의 터전을 세우심은 물론, 국민 교육의 바른 길을 열고자 주야로 연구와 일과 회의 등 물불을 헤아리지 않으시고 매일같이 점심도시락을 가지시고 한번 나오시면 공무 시간에는 신문 한 장 보시는 일이 없고, 공무 이외에는 자리를 뜨시는 일이 없었으며, 공무 이외의 사사일로는 찾아오는 사람도 만나시는 일이 없었습니다.

또 원고지 한 장, 봉투 한 장도 관청 물건은 사용으로 쓰시는 일이 없으셨습니다. 이처럼 선생님은 공사 분간이 엄격하신 분이셨습니다.[13]

최현배는 군정청의 교육부 차관 제의를 거부하고, 서울사범대학의 강사를 맡으면서도 보수를 거절하는, 고절 청절한 모습을 보였다.

1946년 6월 편수국장으로 교육 행정에 공헌이 크다고 미 군정장관으로부터 공로 표창을 받으신 일이 있었는데, 그 때 선생님께서는 "당연히 우리가 할 우리 일을 하고 남에게 칭찬을 받으니 서글프다"고 못내 아쉬워하셨습니다. 그 해 11월, 당시 문교부장관 유억겸 님께서 세상을 떠나시고, 차관 오천석 님이 장관이 되며, 선생님께서 차관 일을 맡아 보아 달라는 권고를 받으셨으나, "나는 교과서를 만들러 문교부에 들어온 사람이니 차관 노릇을 않겠다"고 거절하셨습니다.

이 때 선생님은 서울 사범 대학에 국어 말본 강사로 나가시기도 하셨는데, 한 정부의 일을 공무시간에 나가 보아 주고 보수를 양쪽에서 받을 수 없다고 사범 대학에서 드리는 보수는 거절하시었습니다.[14]

7장

이승만 정부 시기
한글 파수꾼으로

두 번째 편수국장, 한글파동 겪어

1948년 8월 15일 미군정은 3년 만에 끝나고, 대한민국 정부가 수립되었다. 따라서 최현배의 편수국장 임기도 마쳤다. 학자의 본분은 연구하고 가르치는 일이다. 조선어학회를 개칭한 한글학회로 돌아와 이사장을 맡아 회관을 마련하는 등 학회의 활동을 열심히 하였다.

학자로 돌아온 최현배는 『큰 사전』 편찬을 준비하는 한편 제헌국회를 상대로 한글전용법의 제정을 위하여 노력을 아끼지 않았다. 성과는 좋았다. 1948년 10월 초 '한글전용법'이 국회를 통과하고, 정부는 10월 9일 한글날에 법률 제6호로써 이를 공포하였다. 반대 여론도 만만치 않았다.

최현배는 한글전용을 성공적으로 추진하고자 1949년 7월 한글전용 촉진회를 창립하여 위원장에 추대되었다. 이 무렵 일부 국회의원들이 '교과서의 한자혼용(안)'을 국회에 제출하는 등 한글전용이 크게 위협을 받았다. 일부 언론과 학계에서도 이들을 거들었다.

최현배는 직접 국회에 들어가 한글전용을 관철하고자 했다. 1950년 5월 30일 실시한 제2대 총선거에 고향인 울산(을구)에서 입후보(무소속)했으나 청빈한 학자에게는 조직도 돈도 정치적 배경도 없었다. 낙선이었다. 국가적으로는 다행한 낙선인 셈이다.

1950년 6·25전쟁이 발발했다. 피난길이 막혀 서울에서 석 달 동안 은신하면서 지냈다. 어렵사리 을지로 1가에 마련했던 한글학회의 회관이 폭격으로 무너지고 소중한 장서가 사라지고 없었다. 9·28수복 후 회원들과 다시 만나 『큰 사전』 편찬을 준비할 때 중국군의 참전으로 다시 전세가 역전되었다.

가족과 함께 부산에 피란하여 제주로 가려할 즈음 이승만 대통령으로부터 국민학교(초등학교) 교과서를 만들어 달라는 부탁과 함께 다시 문교부 편수국장에 임명되었다. 연구활동을 이유로 사양을 했지만, 전란 시기에 없어진 교과서를 만드는 일도 시급하다고 여겨 두 번째 편수국장이 되었다. 부산 피난지에서의 일이다.

문교부는 부산 시청을 빌어 쓰게 되었으나 편수국 자리는 없었다. 경남중학교 근방 '묘심사'란 절의 한 간을 빌어, 편수관 두 사람하고 헌 책상에 잉크와 철필을 차리고서 편수 사무를 시작하여, 한두 해 사이에 제법 사무진이 째어서 피란의 사생활이 어려운 데에, 또 엎어진 물을 되담기에 모두들 고심이 자심했다.

이 시기에 국정 교과서를 내는 문교 서적 회사의 원조를 얻

어, 「우리말 말 수 사용의 잦기 조사」 및 「우리말에 쓰인 글자의
잦기 조사」를 시작 진행하여, 서울 수복 후 나는 또 한 3년의
근로로써 다시 교과서 한 벌을 꾸미고서 직무를 버리고 나왔으
나, 그 조사의 정리는 계속 진행하여 그 뒷 것은 1955년 6월에,
앞 것은 1956년 12월에 문교부에서 간행 발표하여, 우리 겨레
의 말씨 및 글자 생활에 관한 최초의 과학적 조사 통계를 냄으
로써 한글 기계화에 대한 과학적 기초를 제공함이 되었다.[1]

최현배는 편수국장 재임 중 정부의 한글파동을 겪으면서 이
승만의 한글정책에 크게 반기를 들었다. 이승만은 1949년 10
월 9일 한글날을 기해, 한글 표기법의 까다로움을 지적하면서
구철자법舊綴字法으로 개정할 것을 촉구하는 담화를 발표했다.
이에 따라 정부는 1953년 4월 이를 국무회의에 상정하여 정
부문서와 교과서의 표기법을 구철자법으로 할 것을 의결하고,
이를 국무총리 훈령으로 시달하기에 이르렀다. 이로써 한글파
동이 일어났다. 학술단체는 물론 국회에서도 들고 일어났으나
이승만은 여론을 무시하고 1954년 7월 문교부·공보처 공동명
의로 '표기법 간소화 공동안'을 정식 발표하였다.

1953년 가을 한글날을 즈음하여 이 대통령은 한문을 폐지
하고 한글을 쓰도록 하며 현행 한글의 철자법은 복잡하니까
옛날 철자법을 사용하자고 담화를 발표하였다. 그러나 당시 국
민들은 이 유시문을 보고 노망한 늙은이의 심심풀이 농담으로

생각하기에는 어처구니없는 실언이었고, 대통령의 유시치고는 너무도 무지몽매한 언사였기 때문에 관심을 가지기는 고사하고 보는 이마다 코웃음을 쳤다.

뿐만 아니라 당시의 문교부장관 김법린 씨도 이듬해 4월에 이로 골치를 앓다가 사임하였는데, 그 후임 이선근 문교장관은 이를 관철시키겠다고 나서서 추진시키기 시작했다.[2]

이와 관련 문교부는 '국어심의회 규정안'을 만들고 심의위원으로 최현배 등 50명을 임명했다. 위원장은 백낙준이었다. '심의회'는 10월 1일 열린 전체회의에서 정부의 뜻과는 달리 한글 간소화안에 대한 반대 가결을 하고 말았다. 최현배는 이를 계기로 편수국장을 사임하고 정부의 한글간소화 정책을 거세게 비판하였다. 한글학회를 통해서였다. 이승만은 한글학회가 주관하는 『큰 사전』의 간행도 방해하는 등 비민족적인 모습을 보였다. 최현배는 분노를 참기 어려웠다.

더구나 부산에서는 한글 맞춤법을 옛 성경식 맞춤으로 돌리라는 시대 역행의, 학문의 진보를 부인하는 이승만 씨의 엉뚱한 명령으로 인하여 우리 한글 동지뿐 아니라 일반 국민의 놀람과 의구, 분개와 반항을 크게 일으켰었다. 그뿐 아니라 이승만 대통령은 은근히 『큰 사전』 인쇄의 완성을 위한 록펠러 재단의 원조를 거부 방해하였다.[3]

국민들의 거센 반대여론에 밀린 이승만은 1955년 9월 "민중들이 원하는 대로 하도록 그 자유에 부치고자 한다"는 담화를 발표함으로써 2년여를 끌어오던 한글파동은 마무리 되었다.

이승만의 어문정책에 반대성명

최현배는 자신이 공무원 신분임에도 불구하고 이승만의 한글 간소화 정책에 대해 분개하면서 크게 반대하였다. 1954년 4월 19일 한글학회 명의로 발표한 「이 대통령 한글 간이화 재촉 담화에 대한 성명서」가 대표적이다. 성명서를 자신의 책에 넣은 것으로 보아 최현배가 기초한 것으로 보인다.

지난해 국무총리 훈령 8호로, 현행 맞춤법을 버리고, 구식 맞춤법에 돌아가라 함에 대하여, 본회로서도 한 나라 정령이 공공연하게 문화의 퇴보를 강요하고 있는 부당성을 지적하고 이를 시정하기를 시급히 촉구한 바 있었다.

그 후 정부로서도 생각하는 바 있었던지, 국어 심의회를 구성하여, 학자와 교육자 그리고 문필가를 모아, 이 문제를 신중히 연구 심의하게 하였으니, 우리 학회로서도 깊이 기대하는 바 있었다.

그것은 첫째 문자의 제정이 일국의 문화를 좌우하는 중대사이매, 한낱 정령만으로 결정될 것이 아니라, 널리 그리고 신중히 토의와 심의를 거쳐서 이루어져야 되겠고, 또 요즈음 한글 맞춤법에 대해서 간혹 불편하다는 비난도 항간에 있다고 하니, 여기서 적당한 비판과 결론이 내려지기를 기대했던 것이다.

그러나, 수삭을 두고 심의한 결과는, 대체로 현행 맞춤법 밖에 그 이상으로 더 간단하고 합리적인 다른 안이 없다는 것이 그 결론이었으니, 이 문제가 일단 안정된 것을 기꺼이 여김과 동시에, 본 학회의 책임이 더욱 무거워 짐을 깨닫게 되었다.

그러나, 지난 3월 27일 대통령 담화는, 3개월 이내로 현행 맞춤법을 버리고 옛 성경 맞춤법에 돌아가라는 지시를 내려, 또다시 사회의 불안과 반대의 소리가 높아 가고 있어, 본 학회로서도 거듭 그 시정을 요구하지 않을 수 없게 된 것을 크게 유감으로 생각하는 바이다.

첫째, 문자의 간이화를 주장하는 행정부 주장에 우리도 전적으로 찬동하고 경의를 표하는 바이다. 문자는 그 민족 문화의 터전으로, 이것이 쉽고 완전할 때, 그 민족 문화는 향상하고 발전한다는 것은 고금을 통해 변함없는 사실이다. 우리 학회가 지금까지 지향해 온 바는 다름 아니라 오직 그 길이었다.

그러나, 문자의 간이화가 다만 받침을 몇 개 없애고 획수를 적게 하고 또는 통일된 약속의 구속됨이 없이 임의로 쓰는 데서 이루어지는 것은 아니다.

무릇 글자는 사람의 생각을 전하는 수단으로, 뜻을 가장 정확하고도 빠르게 전달하는 데 문자의 생명이 있는 것이니, 세계 문명 국가의 문자가 다 이러한 문자의 생명을 실현하기에 전

일한 목표를 두고 있다.

이제, 우리 한글 맞춤법도 동일한 목적으로서 종래의 무통일한 혼란의 상태를 벗어나 과학적으로 간이하고도 합리한 체계를 세운 것으로, 금번의 심의회에서 검토 - 재확인되었다.

둘째, 백성의 여론을 존중하고 인간의 자유를 사랑함이 민주와 자유의 정신이라 하거든, 국가에서 지시한 학계의 지도자들로 구성된 국어 심의회 한글분과위원회의 결의를 무시하고, 학문의 자유와 진리의 권위를 몰각하고, 소학에서 대학에 이르기까지의 과학적 교육 정신의 파괴를 불고하고, 사회 여론의 반대를 누르고서, 일제 36년의 치하에서 민족 사상, 과학 정신에 입각한 전 민족의 피어린 투쟁의 결과로 이루어진 문화 공탑을 일조에 허물어 버리고, 지리멸렬한 비현대적 문자 생활로의 환원 전략을 강요한다는 것은, 자유애호 국가에서는 볼 수 없는 일이요, 민주 정신에 위반되는 일이다.

이에, 우리는 문화를 사랑하고 나라를 사랑하는 충정에서, 그대로 참을 수 없어, 감히 학문의 자유를 위하여, 민족 문화의 자유 발전을 위하여, 민주주의 대한민국의 민주적 발전을 위하여, 이십 세기 과학 정신의 순탄한 발달을 위하여 자유세계의 자유 정신의 정당한 실현을 위하여, 단순한 권력에 의한 문자 변혁의 천만 부당함을 성명한다.

단기 4287년 4월 19일

한글학회[4]

'큰 사전' 6권 완간하다

최현배와 한글학회의 큰 과제의 하나는『큰 사전』의 편찬이었다. 1929년 10월 31일 조선어사전편찬회가 조직된 이래 일제의 잔혹한 탄압을 받아가면서도 꾸준히 추진된 사업이었다. 조선어학회 사건으로 관련자들이 모진 수난을 당하고 자료가 분실되기도 하였으나 결코 포기하지 않았다.

『큰 사전』원고가 해방 후 요행히 서울역 앞 한 운송회사의 창고에서 발견되었다. 그러나 사업은 순조롭게 진행되지 못했다. 6·25전쟁과 한글파동 등으로 번번이 좌초 또는 지연되었다. 최현배의 주선으로『큰 사전』인쇄용 종이 45,000달러 상당을 미국 록펠러 재단에서 기증받아 영등포 미창 창고에 보관시켰다가 전량을 도둑맞기도 했다.

1956년 4월 1일 다시 록펠러 재단으로부터 36,000달러를 지원받을 수 있었다. 이 기금은 사전편찬에 큰 힘이 되었다.『큰 사전』은 조선어사전편찬회가 조직되어 작업에 들어간 지 28년 만인 1957년 10월 9일 6권으로 완간되었다.

을유문화사에서 간행한『큰 사전』은 순우리말·한자말·외래어·관용어·사투리·은어(변말)·곁말을 비롯하여 고유명사·전문어·제도어·고어(古語) 등 총 164,125어휘를 수집하여 국어로 뜻풀이를 하였다.

『큰 사전』의 편찬에는 이사장을 맡아 한글학회를 이끌어 온 최현배의 노고가 적지 않았다. 김석득 교수는 "뜻하지 아니한

'한글파동'으로 문교부를 나오게 되었으나, 외솔이 거의 앞장 선 거센 한글 간소화 안의 비판과 반대운동은 그 비과학적 안을 무효화시키고 말았다. 이 파동은 우리 문화의 정체와 큰 사전 편찬 사업을 지연케 했지만, 외솔을 중심한 여러분의 피나는 노력으로 말미암아, 6권의 큰 사전을 완간하게 되니, 이 사전이야말로 민족 수난사의 상징이요, 민족 문화의 불멸의 금탑이다. 이 역사적 과정에서 우리는 외솔의 큰 공을 잊을 수가 없다.[5]"라고 말하기도 했다.

최현배는 『큰 사전』을 완간하면서 그간의 경위와 참여자들의 노고, 후인들에 대한 부탁 등을 6권 끝에 「큰 사전의 완성을 보고서」에서 기술한다. 요지를 싣는다.

1. 큰 사전 6권의 완성을 축하함

큰 사전 6권이 완성되어, 한글날 기념 식장에서 발표하고, 국민에게 바치는 식을 행하게 됨은, 배달 겨레도 제 말씨의 사전을 가진 버젓한 문화 겨레의 반열에 선 것으로, 삼천만 동포와 함께 축하한다.

2. 나라 안팎의 격동기에 큰 사전 편찬에 수고한 분들을 기림

겨레의 말과 겨레의 넋을 잃지 않기 위하여, 1929년 한글날에 사회문화인 108명이 큰 사전 편찬을 발기한 지 28년만이다. 이 동안에는 밖으로 두 번째 세계대전이 있었으며, 일제의 악정아래, 회원 30여 명은 감옥에서 고생하였고, 사전 원고는

회원을 따라 몰수 되었다. 이 통에 이윤재·한 징 두 동지가 옥사했다. 해방 뒤 원고는 6·25사변으로 땅속에 묻히었고, 1·4후퇴로 천안과 부산으로 피난을 했다. 이렇듯 중첩한 파한 속에서도, 사전원고는 보전되었으니 다행이었다. 그러나, 이중화 선생은 북한으로 끌려 가아 불귀의 객이 되었고, 또한 정태진 동지는 불의의 사고로 순직했다. 그리하여 최초의 편찬 사업 추진 상임 5인 중, 이중건·신명균은 세상을 뜨고, 이극로는 북한으로 가고, 오직 한 사람 최현배만이 이 자리에 남아 이 글을 쓴다.

3. 큰 사전 완성에 심신의 정력을 기울인 이들을 기림
거친 세파 속에서, 편찬 사무에 관여한 여러 사람들 가운데, 가장 오랫동안 중심적으로 각고 면려한 이는 건재 정인승 님이다. 또한 일제 때 성과를 이루고 오늘까지 일한 이는 권승욱 님이며, 해방 뒤부터 오늘까지 힘쓴 이는 이강로·유제한 님이다. 헌신적 공헌을 한 이는 이미 세상을 떠난 이윤재·한징·이중화·정태진 등 네 분이다. 위의 여러분의 공적을 기린다. 그리고 나 (최현배) 자신 편찬의 발기위에서 위임된 한 사람으로서, 사전 편찬 사업과 그 원고와 더불어 끝까지 운명을 같이하다가 마침내 그 완성을 보게 된 스스로의 기쁨도 크다.

4. 물질적으로 도운 이들을 기림
편찬 발기 때부터 첫째권의 원고가 인쇄에 붙여지기까지의

최대의 물적 공헌자는 이우식 님이요, '사전 사업 찬조회'를 통하여 원조한 이들은 김양수·장현식·김도연·신육국·이인·서민호·김종철·민영욱·임혁규 님 들이다. '재단법인 한글집' 창설자들인 이중화·정세권·장세현·공병우·최현배 들도 힘을 보탰다. 위의 모든 이들의 공로를 기리는 바이다. 한편, 출판을 맡아 준 을유문화사의 성의도 기리며, 특히 큰 사전 완성의 최대 원조자인 미국의 록펠러 재단과 파스 박사의 공적을 기리는 바이다.

5. 겨레스런 이 문화탑이 갈수록 빛나게 하여 주기를 부탁함

큰 사전의 완성이 역사상 처음으로 이루어진 역사적 공탑임을 기리는 것이요, 악조건하에 간신간신히 이루어진 이것이 결코 최선의 것은 아님을 인정한다. 그 체제와 올림말 수(164,125 날말)과 뜻매김에 틀림과 모자람이 있을 수 있다. 그러니, 여러분이 이 겨레스런 문화탑에 빛을 더하여 주기 바란다.

4290(서기 1957)년 한글날

한글학회 이사장 최현배 적음[6]

한글 기계화에도 큰 기여

아기를 낳는 것만으로 부모의 역할이 끝나는 것이 아니다. 먹이고 키워야 하듯이, 최현배의 역할도 그랬다. 큰 사전의 보유

補遺를 위하여 죽을 때까지 노력을 멈추지 않았다. 직접 카드를 만들어 준비하고 시골을 다니면서 지방어를 수집하였다. 세상이 크게 알아주거나 돈이 생기는 일이 아닌데도 그는 사전의 보완에 정성을 다하였다. 그는 천성이 부지런한 학자였다. 이렇게 준비된 자료는 후학·제자들에 의해 그의 사후인 1992년 2월 『우리말 큰사전』 네 권으로 묶여 나왔다.

현명한 부모는 출생한 아기가 변화하는 세상에 적응하면서 살아갈 수 있도록 양육하듯이, 최현배는 한글이 시대변화에 대처하는 방법을 연구하였다. 그것이 '한글의 기계화'에 관한 탐구이고 노력이었다.

선생이 『우리말본』, 『한글갈』 등의 보배스러운 저서를 통해, 우리말과 글에 대한 이론적인 면을 개척해 놓았다면, 한글의 기계화의 업적은 실천면에서, 이론에 못지 않은 큰 업적이라고 감히 말할 수 있다. 외솔 선생이 우리글의 기계화에 큰 뜻을 품게 된 때는 1940년대로 치올라 간다.

조선어학회 사건으로 왜제의 손아귀에서 갖은 고초를 겪던 함흥형무소에서 이에 대한 윤곽이 이루어진 것이니, 곧 우리 글자의 풀어쓰기에 대한 구상이 한글 타자기의 고안에 이론적인 뒷받침을 하게 된 것이다.[7]

최현배는 지인으로부터 한글 타자기 개발에 열중한 공병우를 소개받았다. 그이 역시 한글 기계화에 뜻을 품고 있었다. "공박사와 외솔의 만남이야말로 우리 말글의 숙명적이고도 역사적인 만남이 아닐 수 없다. 두 사람의 합동 연구 결과는 공병우 3벌식 타자기 개발에 개가를 올렸다."[8]고 한다.

최현배는 한글학회 안에 글자판 통일을 위한 한글학회 부설 기관으로 '한글 기계화 연구소'를 설치하고, 다음과 같은 다섯 가지 사업을 실시하였다.

① 한글 기계화 촉진
② 한글 글자판 배열 기준 확립
③ 타자의 자격 심사
④ 한글 기계화 선전 및 간행물 발간
⑤ 그 밖의 한글 기계화 부대 사업

최현배는 한글 기계화에 열과 성을 아끼지 않았다. 직접 연구소 소장을 맡아 연구소의 기구를 넓히고 전문가를 영입하였다. 한글 기계화는 이즈음 그의 삶의 목표가 되다시피 하였다. 첫째로 한글은 기계화에 알맞으며, 둘째로 따라서 배달 겨레의 글자 생활은 꼭 기계로서 이루어져야 하고 셋째로 기계화에서 얻어지는 남은 정력은 과학부분에 쏟아야 한다는 것을 강조하였다.

한편, 각 신문에 통일 자판 고안 모집 광고를 내어, 나라 안은 물론 나라 밖에 이르기까지 널리 알렸다. 그리고, 그 해 4월 14

일에 글자판 통일 심사위원으로 최현배·주요한·김태극·박창해·천봉규·김일관·유병택 등을 선정하였다.

그리고 각처에서 모여 든 자판 통일안을 가지고, 심사위원들이 열 네 번이나 회의를 거듭하여, 진지하게 검토한 끝에, 1959년 3월에 발표된 문교부의 「가로 풀어쓰기 한글 타자기 글자판」을 그대로 채택하고, 다만 받침을 따로 두는 기계를 위하여, 받침자를 따로 배치하여 「한글 타자기 통일 글자판」으로 결정하여, 1962년 6월 23일 아래의 그림과 같은 글자판을 문교부에 제출하였던 것이다.

더욱이 이 안으로 타자기를 만들어 여러 모로 시험한 결과, 44자가 합리적으로 배치되어, 당시 사용되는 어떠한 타자기라도 이를 맞추어 쓸 수 있게 정리되었으므로 1962년 10월 20일에 표준 글자판으로 결정하고, 11월 1일에 '한글 타자기 통일 글자판'으로 발표하였다.[9]

얼마 후부터 한국 사회는 회사나 학교, 공공기관, 가정에서 한글 타자기가 활용되고, 한글의 기계화가 크게 진척되었다. 최현배와 공병우의 기여가 적지 않았다.

8장

'한글의 투쟁'에
나타난
우리말 사랑

역저 '한글의 투쟁' 펴내다

최현배는 1954년 봄 학기부터 연희대학교 교수로 부임하였다. 연희전문은 해방 후 4년제 대학으로 인가받았다. 이해 9월부터 이듬해 3월까지는 연희대학교 문과대학 학장 보직을 맡아 행정업무를 책임지기도 했다. 이어서 1955년 4월 1일부로 부총장이 되고 명예문학박사 학위를 받았다.

최현배는 이 시기에도 다양한 사회활동을 한다. 1957년 세종대왕기념사업회가 창립되어 이사와 부회장에 취임하였다. 1954년에 학술원이 설립되었는데 회원으로 참여한 이래 1958년 7월에는 학술원 인문과학부 제2어문 분과회장, 인문과학부부장에 이어 정기총회에서 학술원부회장에 선임되었다. 학교에서는 퇴임할 때까지 국문과의 국어학 강의를 맡아 학생들과 함께하였다.

최현배는 교직이나 사회활동을 하는 동안에도 한글 연구와 한글 기계화 일에 소홀하지 않았다. 소홀하기는커녕 이를 천직처럼 여기었다. 이와 관련해서는 그 노력과 열정이 1958년에 정음사에서 펴낸 저서 『한글의 투쟁』에 오롯이 담긴다.

앞의 저서 『우리말본』 『한글갈』 등이 우리말·글의 연구 논리라면 『한글의 투쟁』은 그야말로 제명처럼 한글을 지키고 보급하는 투쟁의 역정을 담았다. 개인의 저술이기 전에 '한글 투쟁사'라 부를 수 있다. 목차를 소개한다.

머리말

첫째, 엮음 주장

1. 새로운 민족 문화

2. 한글만 쓰기로 하자

3. 국어 정책의 으뜸된 문제

4. 한자 안쓰기의 이론

　　첫째, 한자 사용을 폐지하는 근거

　　(1) 국민의 정력과 시간의 허비

　　(2) 과학기술의 생활능력의 교육을 위하여

　　(3) 한자는 인쇄하기에 너무나 불편하다

　　(4) 대중문화, 민주국가의 건설을 위하여

　　(5) 우리말의 정당한 또 자연스런 발달을 이루기 위하여

　　(6) 문자사적 계단으로 보아, 한자의 폐지는 필연의 형세이다.

　　(7) 한글의 발달사적 계단으로 보아, 한글은 우리의 새 문화의 표현 기관으로 충족하게 되었다.

둘째, 이자異者에 대한 변해

(1) 한자 사용 폐지를 한자어 폐지로 오해, 혼용하지 말라

(2) 한자가 아니면, 과연 한자어의 말뜻을 알아잡지 못할가?

(3) 동음자의 한글 표기

(4) 동양 문화의 전통문제

(5) 과학을 할 수 없다 함에 대하여

(6) 한자 제한론 옳지 못함

(7) 한자 폐지의 시기상조론에 대하여

셋째, 한자사용 폐지의 방안

넷째, 끝맺는 말

새 나라세움의 방략으로서의 문자개혁의 의의

5. 한글의 당면한 할 일=순 한글 신문이 나오기를 바람

둘째, 엮음 논난

6. 한자 폐지 반대론의 정신 분석

7. 한자 중독자의 최후의 애원

8. 한자 제한론을 논박함

9. 중국과 일본의 사이에 있는 한국은 한자 폐지가 불가능할가?

10. 교육이란 무엇인가?=현상윤 님에게의 공개장

11. 교육이란 '한자제한'인가?=다시 현상윤 님에게 물음

12. 국회에서 한자 쓰자는 건의안 토의를 듣고

셋째, 엮음 여러 가지

합회

5. 이 대통령 한글 간이화 담화에 대한 성명서/한글학회

6. 이 대통령 한글 간이화 담화에 대한 성명서/전국 문화 단체 총연합회

7. '한글 간소화 안'에 대한 성명서/한글학회

8. '한글 간소화 안'에 대한 성명서/각 대학 국어 국문학 교수단

9. 외국 언어 학자의 공개장/사무엘·E·마아띤[1]

한글은 우리의 자랑이고 무기

최현배는 이 책을 펴내면서 한글의 수난사와 자신의 한글 사랑의 뜻을 「머리말」에서 옹골차게 적었다. 어느 한 대목도 삭제할 수 없어 전문을 소개한다.

한글은 우리 배달 겨레의 정신 문화의 최대의 산물이며, 세계 온 인류의 글자 문화의 최상의 공탑이다. 이는 우리의 자랑인 동시에 또 우리의 무기이다. 이를 사랑하여 이를 기르며, 이를 갈아 이를 부리는 데에만, 우리의 생명이 뛰놀며, 우리의 희망이 솟아나며, 우리의 행복이 약속된다.

속담에 "좋은 일에 마魔가 많다"는 말이 있거니와, 우리 겨레가 우리 스스로의 글자, 세계에서도 뛰어난 글자, 인류 역사에

서 가장 위대한 과학스런 글자를 가지고 쓰는 길에, 그 무슨 마장이 그렇게도 많은가? 한글의 운명은 어찌 그리도 기구한고?

한글이 맨 처음 태어날 적에 벌써 최만리 무리를 대표로 하는 사대주의 문화 사상의 맹렬한 반대를 받아, 겨우 반포의 밝은 날을 가지게 되었고 그뒤 얼마 아니하여서는, 연산군의 된서리를 맞아, 거의 사경에 이르렀고, 임진왜란으로 말미암아, 피어날 생기가 꺾이었고, 갑오경장으로 말미암아, 겨우 기운있게 살아나다가, 다시 한자의 세력에 눌린 바 되었으며, 일제 삼십육년 동안에는 그 악독한 탄압 아래에 거의 기진맥진하여 아주 절명의 지경에 가깝게 이르렀다가, 8·15 해방으로 인하여, 되살아나기는 하였으나, 한글의 기구한 운명은 이로써 다한 것은 아니었다.

첫째, 한자와의 극렬한 투쟁에서 아직 온전한 승리를 거두지는 못하였으나, 적은 효과는 아주 없지는 아니하더니, 이제 또 다시 뜻밖의 곳으로부터 한글에 대한 새로운 공격이 더하여 와서, 재 맞춤법을 버리고서 무법한 옛 맞춤법으로 돌아가라는 화살을 받고 있다.

참으로 한글의 진로는 다난하도다. 한 태령을 넘고 나면 또 한 태령이 앞에 나서며, 한 풍파를 겪고 나면 또 한 풍파가 닥쳐온다. 그러나 한글의 용사들은 조금도 그 뜻을 굽히지 아니하고, 털끝만큼도 그 소망을 잃지 아니하고, 다닥치는 난관마다 필경 정복하고야 말았는 과거의 업적을 돌아보아, 금후의 영원의 승리를 믿어 마지 아니한다.

나의 지난 생애는, 한 말로 하면, 한글을 사랑하기에, 한글을 위하여 투쟁하기에, 모든 것을 바치었다. 여기에 모은 논문들은 8·15 해방 이래 한글 투쟁의 기록이며, 그 대부분은 각 신문, 잡지에 발표한 것이요, 나머지 약간은 발표하지 아니한 논문이다. 이 밖에, 잃은 원고도 있고, 여러 제목의 강연 요목초가 있으나, 아직 글월을 이룰 겨를이 없다.

세상은 바야흐로 남북 통일의 위대한 산고 중에 있다. 이에 위선 이를 엮어서, 영원한 이 나라의 청년 문화인에게 보내는 바이다.

자유는 사람에게 절대의 요구이니, 인류의 역사는 이를 싸워 얻어 온, 또 가는 기록이다.

한글은, 자유를 얻기 위하여, 옛날에도 싸웠고, 이제도 싸우고 있다. "투쟁은 만물의 어미이다." 인류의 진보, 문화의 발전은 투쟁 가운데로부터 나온다.

여기에 투쟁하는 이의 용기와 소망이 있는 것이다.

4287년 8월 9일

용마 같은 남산을 바라보면서 혜화 글방에서

지은이 적음[2]

'한글만 쓰기로 하자'

최현배는 한글전용을 가장 앞장서서 주창해온 한글학자였

다. 기회만 있으면 '한글전용'을 주장하고 역설하였다. 1949년 9월에 쓴 「한글만 쓰기로 하자」라는 논설은 선구적인 내용을 담고 있다. 논설의 중간과 후반부를 발췌한다.

한글은 근본적으로 과학적 조직을 가지고, 애초부터 민중교화의 사명을 띠고 난, 세계 유일의 민주주의스런 글자이다. 그러나, 세종대왕의 오백 년을 일보는早達觀 조달과 높으신 큰 뜻을 진작 세인의 이해가 미치지 못하였기 때문에, 때로는 과거의 과목에 들기도 하였지마는, 대체로 천대를 받아, 혹은 금압을 당하고, 혹은 다른 나라 글의 해석의 보조 수단으로 쓰이고, 혹은 규중 부녀의 전유의 글자로 대접받다가, 또렷하게 제 스스로 독립적 글자 노릇을 하게 된 것은, 대체로 일청전쟁의 결과로, 우리 나라에 갑오경장이 일어난 때로부터이라 하겠다.

고종 32년 을미乙未에 "법률명령은 다 국문國文으로써 본本을 삼고, 한역漢譯을 부附하며, 혹 국한문을 혼용흠"이란, 칙령이 내리었으니, 이는 곧 세종대왕의 솜씨를 본받고 이상을 실현하려는 국가적 처단이었다.

그러나 오백 년 래로, 한자 문화에 젖어 온, 일반 사회의 낡은 습관이 굳고, 새 시대에 대한 민중의 각성이 부족하였기 때문에, 이 시기긋는(획기적) 칙령도 드디어 그 완전한 성과를 거두지 못하고, 겨우 국한 혼용정도의 발전을 봄에 그치었으니, 당시의 각종 교과서 신문 잡지가 대개 이러한 문체로 진전하였다.

식민지 노예 교육이 가고, 해방국의 자유교육이 시작될세, 조선 교육 심의회에서 결정된 한자 폐지의 안을 채용하여, 한글로써 교육의 기초를 놓은 지 삼 년만에, 작년 10월 1일에는 대한민국의 국회에서 다음과 같은 한글전용법을 통과시키었다.

"대한민국의 공용 문서는 한글로 쓴다. 다만 얼마 동안 필요할 때에는 한자를 병용할 수 있다. 부칙, 본 법은 공포한 날부터 시행한다."

그래서, 대한민국 정부에서는, 작년 10월 9일 한글날에 이 법을 일반에게 공포하여 실시하게 되었다.

세상에는 아직도 이렇듯 시대긋는 법의 성립을 몰각하고, 여전히 구태 의연하게 한자를 섞어야만 공문서가 되는 줄로 아는 이가 없지 아니하나, 이러한 시대 의식과 민족 정신과 새문화 의욕의 자각이 없는 사람들은 광복된 조국의 지도자가 될 수 없는 사람들이니, 우리 새 문화 건설의 역군들은 요만한 작은 장애, 서산에 걸려 있는 존재에 큰 관심을 하지 않고, 다만 새로 나는 청소년으로 더불어 전도의 광명으로 달음질할 것이라 하노라.

한글만 쓰기로 하자! 한자의 주권을 도로 빼앗고, 또 한자의 보조적 시중도 거절하고, 깨끗이 한글 한 가지만으로 우리 겨레의 문화 생활의 글자로 삼자. 한글만 쓰기의 완전한 실행 위에서만, 우리 겨레의 생활에 광명이 비치며, 행복이 약속되는

것이다. 그러면, 한글삼기(한글화)의 첫 계단으로서

삼천만 겨레의 각 개인이 다 글자를 깨치게 하자.

집 집의 문패, 거리의 보람판을 다 한글로만 쓰자.

전차, 기차, 정거장의 글자는 다 한글로 하자.

관에서 내는 포고문, 고지서 따위도 다 한글만을 쓰자.

관청의 증명서, 학교의 졸업장 같은 것들도 한글로 하자.

사사 편지도, 계약서도, 발음표도 다 한글로 하자.

그리고, 둘째 계단으로써,

정부의 공문서, 민적도 한글로 하자.

신문, 잡지, 저서도 일체로 한글로 하자.

헌법의 원문이 한글로 되었음과 같이, 모든 법령도 한글로 하자.

나라 안 각 지방에 흩어져 있는 새문화의 일꾼, 한글 동지 여러분! 제각기 제 동내, 제 고을부터 한글삼자(한글化하자)! 그리하면, 우리의 외치고자 하는 새로운 한글 문화는 삼천리 강산에 새봄을 가져오리라. 그리하면, 우리가 애써서 광복한 조국에 흥성과 행복이 열매 맺으리라. — 여기에 오늘날 우리들의 역사적 사명이 있는 것이다.[3]

'순한글 신문' 나오기 바란다

최현배는 선각자였다. 1948년 10월에 순 한글 신문을 발간하자고 제안하였다. 6월항쟁 후인 1988년 『한겨레신문』이 순한글로 발행되기 40년 전에 이를 주장한 것이다. 「한글의 당면한 할 일課業─순 한글 신문이 나오기를 바람」이란 글이다.

한글이 나올 적부터 민중 교화의 사명을 띠고 나온 것임은, 세계 글자 역사에 있어서, 가장 영광스러운 점이라 할 수 있다. 왜 그러냐 하면, 세계 어느 곳을 물론하고, 글자는 그 사회의 상류계급, 특권계급의 소유로서, 그 계급의 지배욕, 권세욕, 이기욕의 만족의 수단으로 사용되고 있었다.

그네들 특권계급들은 글자의 속에다가 민중을 지배하는 재주와 비밀을 감추어 두고서, 자기네의 자손들만 이를 가르쳐서, 그 지배권을 영속시키어 왔었다. H. G. Welse가 말한 것처럼, 대중이 이 글자를 획득하게 된 것은 오랜 동안의 투쟁의 결과임이 사실이다.

오늘날 해방된 조선에 우리들이 한자폐지를 주장함에 대하여, 약간의 식자(?)들이 이를 반대함을 본다. 그네들이 다 무슨 이유를 꾸며들기는 하지마는, 우리의 눈으로써 그것을 본다면, 그는 다 대중을 기만하는 얕은 수작이요, 그 근저의 의도는 다 글자의 대중에의 해방을 저지하고자 하는 특권 계급스런 비틀어진 봉건 사상에 불과함을 간파할 수 있음을 단언한다.

그네들은 주장한다. 현 사회에서 한자를 방제쓰고 있으니, 이것을 무시할 수 없지 아니한가? 오늘날 대한의 지식층이 한자를 사용함으로, 그 이해가 빠르고, 그 감정이 만족하지 아니한가? 한자를 폐지할 것 같으면, 대한의 문명이 정돈 퇴폐하지 아니하겠는가? 한자는 근본 뛰어난 글자이므로, 이를 폐지하고는 고등의(우리로써 말하게 한다면, 특권스런, 봉건스런, 대중이 감히 접근하지 못할, 어마어마한) 문화를 누릴 수 없지 아니한가?

이러한 말들이 얼른 보면, 일분의 진리를 가진 듯이도 보이지마는, 그 실은 글자의 대중화의 시대적 운동에, 자가의 존귀성을 버리고 투항하기를 꺼리어서 하루라도 그 특권스런 자랑을 더 유지하고자 하는 심사에 불과한 것이다.

오늘은 대중의 시대이요, 다시 세운 우리 나라는 민주 국가이다. 민주 국가란 것은 만 백성이 일정한 나이가 되기만 하면, 다 같이 나라의 정치에 참여할 권리와 의무가 있는 정치 체제를 가지고 있는 나라이다.

이러한 민주 국가가 제대로 발전하여 가려면, 만 백성이 다 나라 밖의 소식과 나라 안의 형편을 정확히 충분히 알아야 할 것인데, 신문을 보고도 읽지를 못하니, 어찌 기막힐 일이 아닌가? 그러면, 이 같은 신문을 읽지 못하는 일반 국민이 잘못인가? 또는 그런 신문을 내어 놓는 사람이 잘못인가? 민주 나라의 보도 기관으로서 그 민중을 멀리 떠난 신문이고서, 그 사명을 달성할 수는 도저히 없다.

이 달 초하룻날 제76회 국회에서 한글전용법이 제정되었으니, 그 공포를 기다려, 대한의 공용 문서는 다 한글을 쓰게 될 것이다.

관청의 문서가 다 한글을 전용하게 된 오늘날에 있어서도, 사회의 앞장이 되어서 사회를 인도해 나가는 신문이 안연히 모른 척 하고서, 구태를 그냥 지켜 가서는 도저히 안 될 일이다.

인제는 시대가 깨었다. "한문자가 아니면 글이 아니다. 한문자가 아무리 어렵다 하더라도, 전폐는 해서 안 되니, 그 얼마간이라도 제한을 하여서 쓰자!" 하는 낡은 관념은 집어치우고, 용감스럽게 순전한 한글의 옷을 입고, 민중의 동무가 되어서, 삼천리 강산의 방방곡곡에 찾아 들어가서, 그 문자의 어려움을 깨뜨리고, 지식의 광명을 던지어 주며, 활동의 기쁨은 주며, 행복의 소망을 주지 아니하면 안 된다.

정말로 겨레를 사랑하고, 나라를 위하는 지도자, 언론가는, 이 때를 잃지 말고, 분연히 일어나서, 소리 잘나는 목탁으로써 민중의 앞에서 울릴지어다.[4]

한자폐지 반대론자들의 정신분석

최현배는 한글전용을 줄기차게 주창하면서 당연히 한자폐지론을 제기하였다. 따라서 보수적인 학계와 언론계로부터 극심한 비판을 받아야 했다. 왜정하에서도 한글 지킴이 역할을 하고 이승만의 한글 훼손 정책에 반기를 들어 관계에서 쫓겨났던 그로서 한자폐지 반대론자들의 비난에 뜻을 굽힐 인물이 아니었다.

최현배는 1949년 12월 「한자 폐지 반대론의 정신분석」이란 장문의 논설에서 정신분석학적으로 이 문제를 다루었다. 여러 가지 사례를 들어가면서 한자폐지 반대론자들의 주장을 비판·분석하였다. 이런 종류의 분석은 이 글이 처음이 아닌가 싶다.

우리 겨레가 일제의 굴레에서 해방되자, 삼십 륙 년의 오랜 동안에 억눌리었던 겨레의 자주 독립의 정신이 발발히 일어나아, 한자 폐지를 결정하고, 이를 국민 교육에 실시하여 온지 이미 찬 사 년이 지난 오늘날에, 이제 새삼스리 한자 폐지에 반대하는 의견을 내세우는 사람이 있음을 본다.

이는 작용이 있으면, 반드시 반작용이 있다는 물리학적, 내지 사회학적 원리에 기인한 한 현상이매, 그리 중대시할 것은 없겠지마는, 그러나 이러한 소리에도 대답이 없을 것 같으면, 혹 대답될 만한 말이 없을 만큼 저의 의견이 옳은 줄로 여기고서, 더욱 불칙의 행동을 감행할는지도 모르기 때문에, 내가 이에 모지라진 붓을 다시 잡아, 그 의견이 그릇된 점을 밝히고자 한다. 오스트리아의 정신병 학자 지익문드 프로이트G. Freud는 대화, 연상聯想 또는 꿈풀이(몽분석, 몽해석)로써 그 정신병자의 병인을 진단하는 방법을 연구해 내었다. 그의 원리에 따르면, 정신병자의 현재의 정신 상태는 그 사람의 과거에서의 성욕 기타의 욕망이 그대로 충족되지 못한 채 현실의식에 억압되어, 무의식층에 형체를 감춘 바 되기는 하였으나, 그것이 아주 사라지지 않고, 틈만 있으면, 표면에 나타나서 장난을 하기 때문에,

그 정신 상태에 이상을 일으키게 되는 것이다.

그래서, 이 무의식층에 엎눌려서 발악하는 그 마음의 상처 또는 맺힘錯綜을 정신 분석의 방법으로서 분석하여, 그 무의식층에서 꼬집어내어 청천백일하에 폭쇄하고 보면, 그 정신병은 절로 씻은 듯이 나아 버린다. 이러한 정신분석Psychoanalysis에서 온갖 정신 현상을 설명하고자, 신화, 종교, 예술, 교육, 사회 현상, 들에 그 연구법과 설명법이 일반적으로 적용되고 있다.

나의 보는 바에는, 오늘날 대한의 한자 폐지 반대론도 그 주장자의 의식하고 아니 함을 물론하고, 어떠한 숨어 있는 마음의 요소가 그 표면에 드러난 주장 이유의 뒤에 있는 것이다. 이제, 정신분석의 방법으로써, 그 숨어서 장난하는 병적 요소를 꼬집어 내어 백일하에 바랠 것 같으면, 마치 정신분석에서 말해 낫우기Talking Cure, 談話療法로 말미암아 '히스테리' 병이 깨끗이 난 듯이, 한자 폐지 반대론도 절로 사라질 것이라고 생각된다.

첫째, 어떤 이(ㄱ)는 말한다: 한자를 폐지하면, 문화가 퇴보될 것은 물론이요, 우리는 문화인으로서 도저히 문화 생활을 할 수 없을 것은 두 말 할 것도 없다. 그 이유는 우리나라가 수천 년 래로 한자를 써 왔기 때문에, 말이 한자음으로 된 것이 하도 많으니, 한자는 도저히 폐지할 수 없는 것이다. 한자 폐지의 주장은 해방된 국민의 일시적 감정에 불과한 것이라 한다.

이 주장자 ㄱ의 정신을 분석하건대, 그는 아마도 어릴 적부터 한문 배우는 것으로서 가장 훌륭한 일로 생각하였다. 한문만 잘하면, 그 속에 절세의 미인도 있고, 천 석의 녹도 있다. 사회에서 지체가 높은 양반들은 다 한문 공부를 많이 한 사람들이요, 무식한 상놈들은 다 한문 공부를 하지 못한 사람들이다. 공자·맹자 같은 훌륭한 성인과, 퇴계·율곡 같은 현인이 다 한문 잘하는 사람이다.

'한' 민족은 한문을 잘하기 때문에 능히 중화中華를 차지하여 훌륭한 문명을 이루었음에 뒤치어(反하여), 남만, 북적, 서융, 동호는 한문을 모르기 때문에 변방 오랑캐가 된 것이다. 사람이면, 다 사람이 아니라, 한문을 배워야 비로소 사람이 될 수 있는 것이다.

우리 조선이 문화 민족이 된 것은 기자가 한문을 가지고 와서 가르쳐 준 덕으로 말미암은 것이다. 우리 뿐 아니라, 일본도 한문을 배워서 저렇듯 훌륭한 문화를 건설한 것이다. 그런데, 조선의 언문이란 것은 하루 아침에라도 능히 깨쳐버릴 수 있는 지극히 무가치한 글이니, 무식한 여자나 배워 친정 편지 왕복에나 쓸 것이요, 결코 유식하고 점잖은 사람들이 전용할 것은 못 되는 것이다. 만약 한자를 폐지하고 한글만 쓰기로 할 것 같으면, 우리의 문화가 퇴보할 뿐만 아니라, 도저히 문화인으로 문화 생활을 할 수 없는 것은 불보다도 더 밝은 이치이다.—이것이 그 주장자의 정신적 착종Complex, 錯綜이다.

그러나, 이제 그의 무의식의 층에 눌리어 쌓여 있는 이러한 정신적 결정요소決定要素를 이렇게 표면에 들어내어 밝은 볕살에 쪼이고 보면, 그것이 너무도 저급하고 유치한 것이기 때문에

156

구태어 새삼스리 그 불가함을 거론할 것까지 없음이 명백해 진 것이다.

이렇게도 되잖은 요소도, 개인의 정신 생활의 역사의 계단계단에서, 그 마음자리에 앙금이 앉고 또 앉아서 굳어지고 나면, 그 주장자가 한자만 전용하는 중국인의 문화적 낙오를 보고, 또 한자 한 자도 안 쓰는 서양인이 세계 문명의 최고 위에 있음을 알고, 그래서 제 스스로가 대학의 교수나 총장이 된 오늘날—이십 세기 오늘날에서도, 여전히 한자 아니면 무식장이, 야만인이 되고 말게 된다고 감히 호언하게 되니, 사람의 정신 상태의 병적 요소의 숨은 장난이 끔찍하지 아니한가?

세계에서 가장 어렵고 가장 비민주주의적 비과학적 글자 한자를 써야만 문화가 진보하고, 세계에서 가장 쉽고, 가장 편리하고 과학스런 글자 한글을 쓰면 문화가 퇴보되어 문화인이 못되고 야만인이 된다고 하는 것은, 마치, 식도 한 자루로써는 고루 거각을 잘 지어낼 수 있지만 이로운 연장—도끼, 짜귀, 톱, 대패, 골, 따위로써는 삼간 두옥도 능히 잘 짓지 못한다고 세우는 것과 무슨 다름이 있는가? 우리는 아까운 시간과, 공연한 수고로써 다시 그 옳지 못함을 설명할 필요조차 느끼지 않는다.[5]

중·일 사이에서 한자폐지 부당한가

최현배는 한자폐지론을 반대하는 인사들로부터 부단한 공격을 받고 논쟁을 벌이기도 했다. 한자병기론자들이 항용 내세우는 논리로 중국과 일본 등 한자문화권에 있는 한국이 한자를 폐지할 경우 문화적으로 크게 뒤떨어지게 된다는 점을 내세웠다.

이와 관련 최현배는 1947년에 「중국과 일본 사이에 있는 대한은 한자 폐지가 불가능할까」라는 논설을 통해 그 부당성을 논리적으로 반박하였다.

> 우리가 민족 문화의 자주적 건설과 민족 생존의 자유스런 발전을 위하여, 한자 폐지를 부르짖음에 대하여, 여러 가지로 의문을 삼는 가운데에, 중국과 일본에 대한 관계를 염려하는 사람이 더러 있음을 본다. 해방 이후 우리 사회의 몇몇 지도자는 이런 말들을 하였다.
>
> (ㄱ) 우리가 한자를 폐지할 것 같으면, 만일 중국 정부가 이것을 들으면, 우리가 중국을 배척한다고 비난하지 아니할가?
> (ㄴ) 우리가 금후에도 중국과 일본의 '한자신술어漢字新術語'를 많이 수입해야만 하겠는데, 한자를 폐지하면, 그것을 할 수가 없지 아니하냐?
> (ㄷ) 한자는 동양 공동의 글자인즉, 대한만이 이를 폐지함은 중국·일본과의 문화 교류상 불가하다.
> (ㄹ) 한문자를 폐지는 해야만 하겠으나, 중국과 일본이 먼저 한자를 폐지하고 나거든, 그 때에 이르러 우리도 함이 좋겠다.

이런 따위의 말들은 다 문화적 자주와 정치적 독립과 민주적 자유에 대한 정당한 견해와 심각한 각성이 없는 낡은 두뇌의 부질없은, 헛걱정이다. 만약, 중국이 무서워서 한자를 써야한다면, 일본이 무서워서 일어를 상용해야 하지 않을까? 중국과 일본이 자꾸 만들어내는 새 말을 빌어 닥아 쓰라고 하지 말고, 우리는 자주적으로 우리 말로서 새 말을 만들어 보면 어떠한가?

나라 사이의 문화 교류란 것은 남의 것을 받아들이는 것만이 아니라, 나로부터 내어주는 것도 있어야 하지 않는가? 이천년 래 중국에의 문화적 예속과, 사십 년간 일본에의 정치적 굴복에 젖은 가엾은 심리는, 제스스로의 독립과 자조를 생각하기보다 먼저 외국의 눈치를 염려하여, 그 혜시惠施 만을 고려하는구나!

일본은 로오마자를 빌어, 중국은 '주음자모注音字母'를 만들어서, 각각 한자 전폐를 꾀하는데, 왜 우리는, 훌륭한 제 글자 한글을 가지고 있으면서, 구태여 남의 뒤만 따를 것인가? 오늘의 대한 국민은 이러한 사대주의와 예속 심리를 깨끗이 씻어버리고, 독립적 정신과 자유의 기상으로써, 먼저 자립을 꾀하고, 다음에 남과의 관계를 조절함이 옳지 아니한가?

만약, 이 근본이 서지 아니하고, 항상 먼저 남만 고려하기로 한다면, 우리의 상용하여야 할 것이 하필 한자 뿐이랴? 중국어, 일어는 물론이요, 영어, 노어도 함께 상용하여야 할 것이 아닌가? 옛 사람은 "먼저 나 스스로를 알라"고 하였다. 나는 이제

"먼저 스스로를 세우라"고 외치노라.[6]

세계 글자에서 한글의 지위

최현배는 평생 동안 한글을 연구하고 개발하고 과학화를 추진하면서 훼방꾼들의 집요한 도전에도 굴하지 않고 한글전용의 민족사적 업적에 기여하였다. 그리고 한글이 세계 언어 중에서도 가장 우수하고 과학적이란 점을 제시한다. 1949년에 쓴 「세계글자에서의 한글의 지위」란 논설은 새삼 우리글에 대한 자부심을 갖게 한다.

이 지구상에 인류가 생겨난 뒤로 만들어낸 글자의 가지수가 이미 오백 오십여라 하는데, 우리의 한글은 그 중에서 어떠한 자리를 차지하는 것일가? 이에 대한 대답은 옛날의 조선 사람이 하기도 하였지마는, 근래에는 이 글을 연구하여 본 외국 사람—영국인, 미국인, 일본인들이 모두 한 소리로 외치었으니, 가로되 한글은 실로 세계 글자 가운데에 가장 뛰어난 글자이라고, 이것이 무슨 소리일까? 잘못 알고서 함일가? 혹은 과대한 평가일가? 또는, 지나치는 칭찬일가? 이에 그 까닭을 좀 생각하여 보기로 하자.

세계의 허다한 글자는 크게 두 가지로 가르나니, 하나는 뜻 글자表意文字이요, 또 하나는 소리글자表音文字이다.

뜻글자는, 사람이 나타내고자 하는 생각이 대상의 물형을 그대로 그리어서 그 형상으로써 그 뜻을 나타내는 것이니, 이집트의 꼴시늉글자(히에로그라프), 중국의 한문자가 그 대표적인 것이다. 소리글은, 사람이 나타내고자 하는 대상의 형상을 나타내지 아니하고, 사람의 생각을 나타내는 말소리를 적어내는 글자이니, 서양의 알파벳, 일본의 가나, 대한의 한글이 그 대표적인 것이다.

그런데 뜻글자는, 그 나타내는 대상이 천 가지 만 가지도 넘을 이만큼, 그 글자의 수효도 그만큼 많아야 되기 때문에, 그 글자는 수효가 극히 많을 뿐 아니라, 그 자형이 복잡하고, 혼란하지 아니할 수 없다. 그래서, 한문자의 수효는 5만이 넘고, 그 획수가 수십이 넘는 것이 많다.

이에 뒤치어, 소리 글자는 그 나라말의 소리를 적어내되, 그 소리의 요소로써 글자 짓게 되기 때문에, 그 수효는 극히 적으며, 그 자형은 극히 간단함이 예사이다. 그래서 자수가 서양의 알파벳은 25 내지 28 쯤이요, 한글은 24, 가나는 50이고, 그 소리조차 그 수가 50이내이다.

이와 같이, 그 수가 많고 그 획이 복잡한 한문자 같은 뜻글자는, 배우기가 매우 어렵기 때문에, 이 글을 능히 배워서 사용하는 사람은 나날의 의식에 쪼들리지 않는 소수의 특권 계급의 사람들이요, 일반 대중은 도저히 이러한 글자를 배워 이용할 수가 없다.

따라, 이러한 어려운 뜻글자를 가진 나라는 도저히 일반 국민이 다 정치에 참여하여, 국가를 운전하는 높은 책임을 질 만한 민주주의 사회를 이루어 낼 수가 없다. 따라, 대중은 무지와 빈궁에 허덕이고 지나게 된다.

이에 뒤치어, 소리글은 그 수효가 적고 그 자형이 간단하여 일반 국민이 배우기가 극히 쉽기 때문에, 모든 사람이 다 쉽게 이를 배워 이로써 생활에 필요한 지식 기술을 배우기 때문에 그 국민의 문화는 발달하고, 그 생활은 향상된다. 우리 나라에는, 한문자를 안 쓸 것 같으면, 문화가 후퇴한다고 염려하는 사람도 있지마는, 이는 너무도 생각하지 아니한 헛 걱정이다.

도대체, 쉽고 편리한 글자를 사용하는 국민과 어렵고 불편한 글자를 사용하는 국민의 문화가 그 어느 것이 더 발달할가? 전자의 문화가 후자의 문화보다 더 넓고 높은 것은 일견에 명백한 이치가 아닐까? 이는 다만 이론상 명백할 뿐 아니라, 사실상에서도 명백한 실증이 있다.

중국은 오천 년의 글자 나라로써, 그 대중의 문화와 생활이 저렇듯 저열한데, 미국은 그 건국의 역사가 일백 년이 못 되는데, 그 문화와 생활이 저렇듯 발달되었음은, 그 원인이 많겠지마는, 그 중에서도, 그 글자의 어렵고 쉬움이 중대한 근본원인의 하나임은 틀림없는 사실이다. 이제, 만약, 중국인에게 알파벳을 전용하게 하고 미국인에게 한문자만 전용하게 한다면, 오십 년, 백년 뒤에는, 그 문화와 생활의 지위가 정히 반대가 될 것이라고 넉넉히 예언할 수 있는 것이다.

이것을 생각하면, 오늘날까지 우리 겨레가 우리 말과는 전연 통하지 아니하는 한자를 사용숭상 하였기 때문에, 그 문화의 생활상 받은 장애가 얼마나 컸을가를 넉넉히 깨칠 수 있는 것이다.

더구나, 한글은 소리글 가운데에도 홑닿소리로 분화된 낱소리 글자單音文字로서 일본의 낱내글자音節文字보다 한층 더 발달된 소리글자이다. 그리하여, 한글은 서양의 알파벳으로 더불어 세계에서 가장 발달된 과학스런 글자이다.

우리말을 적기에 있어서는, 이 이상의 훌륭한 글자를 상상할 수도 없을 만큼 완전한 글자이다.

따라, 그 글자스런 공효는 실로 세계제일의 글자이다. 이제, 우리가 한문자를 쓰지 말고, 한글만 쓰자고 부르짖는 것은 결코 책상 위의 공론이 아니라, 세계 인류가 우리에게 계시하여 주는 명확한 실증에 의한 입론이요, 결심이다.

입으로는 우리 한글의 우수성을 말하면서, 그 전용으로 말미암아 나타날 효과에 대하여는 반대의 의견을 가진다면, 실로 자가당착의 태도이라, 이해할 수 없는 것이다. 못에 다달아 그 물속의 고기를 부러워하는 이는, 물러가아 그물을 뜨는 것만 같지 못하다고 옛사람은 말하였다.

이제, 우리는 광복한 조국을 영원 부동의 반석 위에 세워, 국민의 문화와 생활의 향상을 원하는 터인즉, 물러나아, 그 근본인 글자의 혁명을 이뤄내어, 쉽고 편리한 제 나라의 글자 한글을 전용하기로 하지 않으면 안 된다. 맛 좋고 자양분 많은 음식

을 제집 광 안에 두고서 굶주리어 여위는 자는 과연 어리석은
자이라 아니 할 수 없다.[7]

'쉬운 한글' 예찬론 펴다

최현배의 한글사랑의 마음은 1949년 10월 9일 한글날에 쓴
「쉬운 한글」에 집약된다. 이유를 내셔널리즘의 이데올로기로서
가 아니라 과학성을 근거로 제시한다.

한글은 쉬운 글이다. 배우기 쉽고, 쓰기 쉽다. 어린애에게도
쉽고, 어른에게도 쉬우며, 여자에게도 쉽고, 남자에게도 쉽다.
만 백성에게 다 쉽다. 참 편리한 글이다, 쉬운 글이다.
대체 쉬움에는 두 가지가 있다. 하나는 단순하고 저열하여
쉬운 것도 있고, 또 과학적이고 조직적이면서 워낙 잘 되어서
쉬운 것도 있다. 앞의 것은 쉽기는 하지마는 값어치가 적고, 뒤
의 것은 쉬우면서 또 그 값어치가 많다. 이제 한글은 과학적 조
직을 가지고 있는 값어치 많은 쉬운 글이다.
글은 사람의 사상 감정을 담아 전하는 그릇이니, 그 그릇이
만들기와 쓰기가 편리하면 편리할수록, 그 그릇의 목적은 이루
어내기가 편하고, 따라, 그 그릇의 값어치는 더욱 높은 것이 된
다. 그러므로, 세계 허다한 글자 가운데, 우리 한글처럼 조직이
과학적이면서 그 배우기와 쓰기(사용하기)가 쉬운 것은 없으니,

164

한글은 모든 글 가운데에 가위 으뜸되는 글자이다.

그런데, 우리 나라에서는 한글이 너무 쉽다 하여 이를 낮게 평가하여 이를 천시함에 뒤치어(反하여), 한문자는 그 조직이 복잡하고, 그 배우기와 쓰기가 극히 어려운 까닭으로 해서 도리어 이를 존중하고 이를 숭상하여 왔다. 무엇이든지 얻기 어려운 것이 귀중하다는 것은 일리가 있으니, 보기하건대 금강석이 보석된 조건의 하나는 그 산출이 극히 희귀한 점이다.

금강석이 아무리 그 성질이 단단하여 불변하고 또 찬란한 광채가 난다고 하더라도, 만약 그 산출이 화강암처럼 도처에 허다할 것 같으면, 사람은 금강석을 보석으로 귀중히 여기지 아니할 것이다. 어려운 한문자는 이것을 배우기에 정력과 시간이 많이 들 뿐 아니라, 비용도 또한 많이 들므로, 돈 없는 사람, 재주 없는 사람, 시간 없는 사람은 이것을 잘 배워 낼 수가 없기 때문에, 사회의 특권 계급에 속한 소수인만이 이를 배울 수 있게 된다.

따라, 그것을 아는 사람의 수가 적은이만큼, 그 아는 사람이 존중함을 받고, 그 글도 또한 존중함을 받게 되었다. 이러한 사실은 일종의 심리적 진리는 있기는 하지마는, 과학적 보편적 진리는 되지 못한다.

진정한 진리를 깨치고 보면, 흔한 것이 귀한 것이요, 쉬운 것이 소중한 것이다. 공기와 물이 얻기 쉽다고 하여, 진정한 가치가 일호도 떨어지는 일은 없으며, 태양의 열이 천하에 보편하다 하여, 그 소중함이 조금도 깎임이 없다. 진실로 인류는 이러한 얻기 쉬운 물과 공기와 태양의 덕으로 말미암아 생명을 유지하여 번영과 행복을 누리게 되는 것이다.

한글은 참으로 우리 겨레에 있어서 공기요, 물이요, 태양이다. 우리의 겨레는 이 한글로 말미암아, 생명의 발전을 이루며, 문화의 발달을 이루며, 생존의 행복을 얻을 수 있는 것이다.

이로써 민주주의의 사회를 건설하며, 이로서 민주주의의 문화를 이룩하자! 여기에 만인의 생명이 약동하고, 만인의 행복이 깃들인다.

이 쉬운 한글을 만들어 내신 세종대왕은 우리 겨레의 만대의 은인이요, 이 쉬운 한글을 무시하고 반대하여 저 어려운 한문자만을 존중하는 사람은 겨레의 태양을 등지고, 민주주의 사회의 민중을 이반하여 봉건적 낡은 문화를 고집하는 자이다. 그뿐 아니라, 우리 겨레 자주의 문화를 부인하고, 언제까지나 외국의 문화적 예속의 지위를 자원하는 무리이다.[8]

9장

자유당 말기
정론을 펴다

민주주의 신념 강한 선비지식인

최현배는 우리말을 연구하고 한글전용 운동을 전개하는 등 '바깥일'을 많이 하면서도 학생들 가르치는 일을 소홀히 하지 않았다. 누구 못지않게 성실한 교수상을 보여 주었다. 학생들에게는 존경의 대상이었다.

1950년대 후반, 한국 사회는 이승만의 권력욕망과 자유당의 전횡으로 대학 역시 혼탁하기 그지없었다. 1956년 9월 28일 부통령 장면이 부통령 선거에서 패한 이기붕을 비롯한 자유당 간부들의 지시에 의해 백주에 저격을 당하고, 1957년 봄에는 권력 최고의 실세 이기붕의 아들 이강석이 이승만의 양자로 입양되어 서울법대에 불법 입학했다가 6·25전쟁 후 처음으로 학생시위가 벌어졌다.

이승만은 정치적 라이벌로 등장한 조봉암을 제거하고자 1958년 초 진보당 간부 7명을 간첩혐의로 구속하고 8월에는 월간 『사상계』에 글을 쓴 함석헌을 국가보안법 위반 혐의로 구속하는 등 말기증세를 드러냈다. 수많은 지식인들이 이기붕의 아호를 딴 '만송족'이 되어 권력의 나팔수 노릇을 하였다.

최현배는 한글학회의 일과 교수직에 전념할 뿐 타락한 세파에 휩쓸리지 않았다. 그는 특별한 경우가 아니면 젊어서부터 입어온 무명 두루마기로 일관했다. 교단에서 강의할 때도 그랬다. 일제강점기 이래의 외솔의 면모를 한 제자가 기술한다.

우리 앞에 나타난 외솔은 검은 두루마기에, 흰 고무신에, 머리는 중 마냥 빡빡 깎으신, 얼른 보아서 시골 생원 같은 볼꼴 없는 모습이다.

미끈한 양복에, 학자나 예술가 타이프의 풍채를 기대했던 학생들의 실망은 클 수밖에 없었다. 그러나, 이 실망은 날이 갈수록 봄눈 녹듯이 사라지고, 경모敬慕의 정이 솟구쳐 올랐던 것이다.

그 겉치레 없고, 호화스럽지 않은 몸매에 더욱 매력(?)을 느꼈다. 머리는 소박하고 간편하게 깎고, 옷은 검소하면서 고풍古風이 풍기는 검은 두루마기! 나는 숙연히 머리 숨여짐을 어찌할 수 없었다.

첫날 첫 인상에서 나는 비상한 감격을 느꼈다. 세상이 다 천시하는 저 무명 두루마기! 저 소박한 머리 모습! 시대에 뒤떨어진 것이 아니라, 진실과 애국의 얼이 철철 흘렀다.

4년 동안 재학 시절뿐만 아니라, 오늘날 40여 년 지난 뒤에도, 그 허식 없고, 담담하고, 진실된 학자의 기풍이 내 머리에 못을 박고 떠나지 않는다.[1]

최현배의 옷차림과 풍모는 해방 이후에도 달라지지 않았다. 그것은 올곧은 지식인의 증표였다. 우리말과 글을 평생의 화두로 삼아 탐구궁행하는 학자의 모습이기도 하다. 미군정에 이어 이승만 정부의 고위관직을 역임하는 등 권위주의에 빠질 법도 하지만, 전혀 그런 모습과는 달랐다. 오히려 대단히 민주적인 정신과 실천성을 보여주었다.

그는 일제 강점기에 교육을 받은 세대치고는 민주주의에 대한 신념이 누구보다 확고했다. 그는 민주주의에 대한 신념이 강한 선비지식인이다. 1957년에 쓴 「민주주의와 나라 운수」라는 글에서도 잘 나타난다. 오늘에 이르러서는 4·19혁명과 광주민주화운동, 6월항쟁과 촛불혁명의 과정 등을 거쳐 민주주의가 생활화·제도화가 되었지만 1957년은 6·25전쟁의 참화가 그대로이고, 이승만 정권이 반공을 빙자하여 민주주의를 짓밟던 시기였다.

「민주주의와 나라 운수」라는 장문의 논설에서 몇 대목을 골랐다.

대한은 민주주의의 나라이다. 민주주의의 순당한 발달을 이루어서, 만민이 다 한가지로 평등한 권리와 자유와 행복을 누리도록 되어야만 배달 겨레의 조국 광복의 영광이 여기에 있으며, 대한민국의 빛난 승리와 발전이 여기에 있을 것이다. 우리 겨레는 이제 저 원수의 38선을 끊어 버리고 남북을 통일하는 것이 절대의 소원이며, 또 최대의 사명인 것이다. 남북 통일에

170

는 무엇보다도 가장 먼저 있어야 할 조건은 공산주의에 대한 민주주의의 승리이다.

이 민주주의 나라 대한민국 국민으로 하여금 민주주의의 우월을 고집하고, 그 승리를 확신하고, 그 승리를 위한 분투에 헌신하도록 하려면, 모름지기 민주주의가 실제로 좋은 것임을 몸겪게 하려면, 민주주의가 고도로 정당하게 실시되어야 할 것이다.

곧 민주주의의 완전 실현으로 말미암아 그 백성들이 모두 평등한 권리, 정당한 자유, 일반스런 행복, 사람됨의 고귀함을 스스로 누리게 되어야만 민주주의가 정말 좋은 것임을 몸겪게 될 것이니, 그런 연후에는 비로소 민주주의를 존중하고 예찬하고 옹호하여, 이를 침해하려는 모든 어떠한 세력에라도 대항하고 투쟁할 의기와 신념과 용기가 생길 수 있을 것이다.

공산주의에 대한 민주주의의 승리를 획득하려면, 무엇보다도 민주주의의 순당한 발달을 꾀함으로써, 그에 따른 모든 인권과 자유와 행복을 만인이 한가지로 누릴 수 있도록 정치를 운영하여야 할 것이다. 사람은 제 부모의 밑에서도 불평이 있으면 저를 오라고 부르는 곳이 없음에도 매히잖고, 그만 부모의 집을 나가서 정처 없이 떠돌아다니는 일이 흔히 있는 것이다.

오늘날 민주주의와 공산주의가 크게 대립하여 전 세계를 향하여 저 좋음을 선전하여 모든 국민을 제편으로 끌어들이기에 피눈을 부릅뜨고 다투고 있는 판時局인데, 이때에 대한민국에 진정한 민주주의의 실현을 등한시하거나 방해하여 그 결과로 국민의 최대 다수의 일반적 경제 생활의 윤택 대신에, 극소수의 부유한 특권 계급만의 교만과 사치가 넘치며,

만인의 평등한 인권이 보장되지 못하고, 그 대신에 관권 또는 금권의 독재적 횡포가 자행하며, 진실과 호상 부조에 따른 자유와 행복의 대신에 거짓과 우악暴力에 따른 불안과 공포가 들어차며,

사회적 정의 대신에 불공평과 불신不信이 지배하게 되어, 국민으로 하여금 민주주의의 좋은 보람을 조금도 맛보지 못하게 하고, 제 나라에 대하여, 또 민주주의에 대하여 불만, 불신, 배반을 품게 한다면, 이는 곧 온 국민을 몰아 닥아 적의편 공산주의에 보내는 것과 조금도 다름이 없을 것이다.

그러므로 입으로 민주주의 진영의 투사로 자처하면서, 민주주의의 실현을 방해하는 자는 실로 조국을 망치는 이적 행위를 하는 자이라 할 것이다.[2]

자유당 말기의 용기 있는 시론

최현배는 이 글에서 이름을 거명하지 않았지만, 이승만과 자유당의 반민주적인 행태를 비판한다. 당시의 정세는 학자들이 이런 수준의 글도 쓰기 어려웠다. 보통 용기와 결기가 없이는 쉽지 않았다. 이승만 정권 시대는 흔히 경찰국가체제라고 불릴 만

큰 경찰의 위압과 간섭이 심했고, 또 민주주의를 지키고자 글을 써도 발표할 지면이 없었다.

최현배의 '민주주의론'은 이어진다.

선거가 민주주의스럽게 잘 됨에는, 첫째는 유권자 자신, 둘째는 선거 사무를 관리하는 측, 곧 선거 위원, 기타 국가의 여러 관계 기관들이 각각 민주주의의 정신과 기술을 완전히 깨닫고 실행하여야 한다.

첫째, 국민 특히 유권자가 민주주의스런 선거를 하려면 다음의 일이 필요하다.

(1) 국민 스스로가 이 나라의 주인이요, 따라 나라에서의 모든 권력은 다 국민으로부터 나오는 것임을 알아야 한다.

(2) 선거권은 곧 나라의 주인된 권리이니, 선거는 주인이 제 권리를 행사하여, 제 대신에 나가서 국사를 의논할 사람을 뽑는 것이다.

(3) 선거권은 빈부 귀천을 막론하고 다 평등하여 누구나 한 장의 투표를 행하는 것이니, 그 표 하나가 곧 국민의 최대 최귀의 기본 권리를 뜻한다.

(4) 그러므로, 한 장의 투표를 함에는 반드시 공정한 정신으로서 나라 일을 맡길 만하다고 믿음이 가는 사람(후보자)에게 던져야 한다.

(5) 만약, 제가 가진 투표권을 정당하게 행사하지 아니하고서, 지인·친척의 사정에 끌리거나, 동네, 면, 군, 기타 지방

색을 가리거나 하여 귀중한 표를 던진다면, 이는 도무지 현대의 민주 정치가 무엇임을 알지 못하는 구식 봉건 시대의 사람이라 할 것이다.

(6) 어떤 유권자는 금전에 팔리고, 또는 관권에 눌리어서 제가 꼭 하나만 가진 그 귀중한 표를 부당한 인물에게 던지는 일이 없지 아니하다.

이러한 사람은 참으로 나라를 팔아 먹는 매국노의 행위를 범한 자이다. 구한국을 일본에 팔아 먹은 매국노의 대표적 인물로 흔히 이완용을 들지마는, 그도 역시 일본의 총칼이 무섭고, 제 목숨과 돈이 좋아서 나라 파는 조약문에 도장을 찍은 사람이다.

오늘날 민주주의 대한의 국민으로서, 혹은 술밥에 팔리고, 혹은 고무신 한 켤레, 광목 몇 자에 팔리고, 혹은 제가 사는 곳의 동장, 면장, 군수, 경찰의 관권에 눌리고, 혹은 땃벌떼, 백골단 따위의 깡패의 우악暴力에 겁이 나서, 혹은 제 직장의 고용주, 상관의 직업적 위협에 겁내어서 그 귀중한 한 표를 제 양심 속이고 부당한 입후보에게 던진다면, 이는 더도 말할 것 없이 곧 제 나라를 팔아 먹는 매국노의 행위를 범하는 자이니, 구한국을 팔아 먹던 매국노와 무엇이 다를 것인가?[3]

이승만 시대 민주주의를 짓밟는 하수인들은 경찰과 공무원들이었다. 이들은 헌법상 보장된 '정치중립'의 규정을 어기고 노골적으로 부정선거를 자행하면서 국민의 선거권을 유린하였다.

최현배는 이같은 세태를 지켜보면서 공무원과 주권자들을 강한 어조로 질타한다.

둘째는, 사무에 관련된 관공서 공무원들이 양심을 밝히고서 공평하고 정직하게 모든 일을 처리하여 공정하고 명랑한 선거가 되도록 하여야 한다. 만약 사리사욕에 끌려 양심을 굽히어, 혹은 제가 소속한 정당에 편벽된 편의를 제공하고 그 반대 정당의 사람에겐 불법적 손실을 더하며, 혹은 관력에 눌리어, 혹은 상관의 부당한 명령에 맹종하여, 혹은 상관에 맹종함으로써 제 일신의 영달을 도모하여 진정한 민주주의의 선거를 방해한다면, 이도 또한 민주주의의 발전을 방해하는 자로서, 또한 나라를 망치는 매국적 행위를 법한 자이니, 그 죄가 유권자가 제 한 표를 팔아 먹는 것보다 몇 배나 중한 것이라 하겠다.[4]

최현배는 민주주의는 주권자인 국민이 자기의 권리를 지켜야 한다는 점을 강조하면서 국민의 각성을 촉구한다.

정치학자는 말한다. "민주주의 사회에서는 사람들이 제가 벌어 얻은 것이다"고, 이 말의 뜻은, 현재 네가 받고 있는 정치는 좋거나 궂거나 다 너 스스로가 벌어 얻은 것이라 함에 있다.
국민 스스로가 진실로 좋은 경치를 원하거든 모름지기 좋은 정치를 할 능력이 있는 사람을 뽑아 내어야 할 것이다. 방금 정치를 하고 있는 사람은 국민이 뽑아 내어 세운 사람인즉, 그 정치의 좋고 나쁨은 국민 스스로가 벌어 얻은 것이니, 아무 앙탈한 것 없이 달게 받아야 할 것이요, 그 책임도 제가 질 수밖에 없다.

만약, 국민의 유권자가 술밥이나 돈이나 권력에 팔리어 되지 못한 아무러한 사람이나를 뽑아 놓고 그 하는 정치의 나쁨을 앙탈한다는 것은 너무도 무책임한 소리다.[5]

'나라사랑의 길' 간행

하나의 가치, 목표를 향하여 생애를 바친 사람이 적지 않다. 그들의 집념으로 인류사회는 크게 발전할 수 있었다. 최현배의 우리말·글 연구는 상황이 바뀌고 나이가 들어도 조금도 나태하거나 쇠태하지 않았다. 그의 '나라사랑' 정신의 초지가 얼마나 강고했는지를 보여준다.

정치인들을 비롯하여 사회지도층 인사들의 '애국'은 언행불일치와 허장성세로 국민에게 감동을 주지 못한 경우가 많다. 이승만 대통령과 그 시대 권력자들의 '애국' 강요는 오히려 국민들의 반감을 불러일으키기에 충분했다. 6·25전쟁이 터지자 이 대통령은 대전으로 뺑소니치고 한강다리를 폭파시켰다. 국민방위군 사건에서 보듯이 군지휘관들은 전쟁통에 막대한 돈과 물자를 부정처분하여 사복을 채웠다. 이로 인해 수백 명의 사망자와 병자가 발생했다. 그러나 이것은 '작은' 사례에 불과하다.

최현배의 애국심 곧 '나라사랑' 정신은 달랐다. 방법과 실천에서 달랐다. 그는 1958년 8월 『나라사랑의 길』을 펴냈다. 정음사에서 나온 550쪽의 책에서, 자기가 어머니인 '겨레'로 말미암아 생명을 부여받고 아버지인 '나라'로 말미암아 생명을 누릴 수 있었다고 술회한다. 해서 우리 민족에게 나라사랑의 길을 열어 주고자 하는 마음을 가져 달라고 당부했다. 『나라사랑의 길』의 「머리말」이다.

> 겨레는 나의 어머니요, 나라는 나의 아버지이다. 겨레가 아니고는, 나는 목숨을 타고 나지 못하였을 것이며, 나라가 아니고는 나는 타고난 목숨을 누릴 도리가 없었다. 나는 겨레와 나라를 잠시도 떠날 수 없다. 이 『나라사랑의 길』은 나의 온 생애를 통하여 끊임없이 찾고 걷기를 힘써 온 생활원리로서, 겨레와 나라에 대한 나의 끝없는 사랑과 충성의 작업이다.[6]

최현배는 이 책에서 나라사랑의 시대적 변천을 동서양의 사례를 들어 설명하였다. 특히 민주주의 나라의 사례를 소개하면서, 나라사랑의 마음을 학교교육에만 기대지 말고 생활에 바탕을 두어 나라사랑의 마음을 길러주어야 한다고 주장하였다. 즉 나라의 산천을 아름답게 가꾸고 백성들의 인정풍속을 아름답게 만들면 나라사랑의 마음을 기를 수 있다고 보았다.

최현배는 이 책에서 「나라흥성의 법칙」을 제시한다.

가. 국민의 생기가 왕성한 나라는 흥성한다.

나. 군사적 우수성을 가진 겨레가 나라를 크게 일으킨다.

다. 창조력, 문화의욕이 왕성한 국민의 나라는 흥한다.

라. 조직력, 정치력이 센 겨레는 나라의 흥륭을 가져온다.

마. 일치 단결력이 세찬 국민은 일어난다.

바. 부지런한 국민은 일어난다. 경제관념이 착실하고 경제적
   기술을 소중히 하는 국민은 흥성한다.

사. 그 성질이 검질긴 強靭 국민은 흥한다.

아. 유리한 땅을 차지한 겨레는 흥한다.

자. 도덕심이 굳건하고 공공정신이 센 국민은 흥성한다.[7]

이어서 「거짓과 우악의 퇴치방법」도 제시한다.

가. 공무원의 대우를 개선할 것

나. 공무원 도道의 쇄신

다. 선거법의 개정

라. 국법의 권위를 세워야 한다. 국민대중의 생계의 길을 주기

마. 올바른 교육 특히 근로생산의 교육을 힘써야 한다.[8]

최현배는 '나라사랑의 길'에서 "나라의 은혜를 백성에게 입
히고, 백성의 생명과 재산을 보호하며, 자유를 보장하고, 제 나
라의 문화를 이해시키고, 제 나라의 풍토, 경치, 고적, 풍속, 습
관, 문화에 친숙하게 하고, 백성으로 하여금 생기를 왕성하게

가지도록 하고 이상을 높이 갖도록 하는 등의 나라사랑의 마음을 기르는 법"을 제시하였다. 그는 특히 "한 민족의 말과 글은 그 민족문화의 기초가 되기 때문에 이를 사랑하는 것이 곧 민족을 사랑하는 길이라는 것"을 강조하였다.[9]

『나라사랑의 길』의 목차는 다음과 같다.

> 첫째 가름 나라사랑이란 어떠한 것인가?
> 두째 가름 민주주의와 나라사랑
> 세째 가름 나라사랑의 마음을 기르는 법
> 네째 가름 우리나라는 어떠한 나라인가?
> 다섯째 가름 배달 겨레는 어떠한 겨레인가?
> 여섯째 가름 나라 흥망의 원리
> 일곱째 가름 거짓과 우악
> 여덟째 가름 재건과 발전
> 아홉째 가름 한배나라의 사랑

'답사'에서 보여준 '나라사랑의 길'

1958년 9월 어느 날 서울 남산 외교회관에서 『나라사랑의 길』 출판기념회가 열렸다. 한글학회 회원들을 비롯하여 연세대학 교수·학생 등 각계각층에서 많은 사람이 참석하였다. 이날 최현배의 '출판기념 축하회 답사'가 녹음으로 남아 있다. 30여분 동안 진행된 '답사' 중에서 임의로 골랐다.

제가 보기에는 우리 나라 사람들이, 이 나라가 얼마나 소중하고 이 나라를 어떻게 해야만 정당하게 자유 발전시킬 수 있는가 하는 데 대해서, 온 국민이 다 깊이 깨친 것 같지 아니합니다. 나라가 얼마나 소중한 것인가를 깊이 깨친 것 같지 아니하단 얘깁니다.

그리하여서 애국이라 하는, 나라사랑의 길이라고 하는 것은 이러이러한 것이다, 하는 것을 제가 아는 데를 다해서, 제게로 와서 친구들이 얘기하는 것들까지도 다 기록해 놓았다가, 그 외의 제가 보는 기사·기록과 그런 지식을 다 모아 놓았다가 조심스레 그것을 쓰고자 한 것입니다.

우리나라 사람들은 애국이라 하는 것을 전쟁날 적에 총을 메고 전장에 나가는 것만이 애국인 줄로 생각합니다마는, 그러나 그것은 우리의 애국 정신의 최고도의 발현입니다. 그러나 그것은 비상시고 특수한 경우입니다. 보통 애국의 길이라고 하는 것은 평상시에 집안에서, 학교에서, 길에서, 사회에서, 무슨 회사에서 다 하는 일이라고 이렇게 고조했습니다.

또 애국은 특수한 사람만이 하는 건 줄로 이렇게 생각합니다. 자동차나 타고 와서, 좋은 옷을 입고 와서, 애국적인 연설이나 한바탕 하고 가는 사람이 진정한 애국자인 줄로 생각하지마는 절대로 그런 것이 아니라, 애국하는 사람이 따로 있는 것이 아니라, 저 산촌, 농촌, 어촌에서 날마다 날마다 해가 뜨고 나서 저물 때까지 일하는 그 사람이 진정한 애국자라고 하는 것을 저는 말했습니다.

저는 그 책에서 민주주의와 나라사랑이라고 하는 것을 많이 말했습니다. 민주주의 시대에 있어선 나라는 백성의 나라요, 정부의 나라도 아니고, 나라의 나라도 아니라고 했습니다. 전체주의 국가에 있어선 나라는 나라를 위하여서 존재하는 것이니까 모든 것은 무조건으로 나라에 바쳐야 된다고 하지요마는 이 민주주의시대에는, 나라는 정부의 나라도 아니고, 나라의 나라도 아니고, 오직 백성의 나라라고 하는 것을 강조했습니다.

저는 그 책 가운데, 우리 민족의 이상이 뭐냐 하는 것도 오래 생각을 하고 생각해 배우며 살아 왔습니다. 단군 한배께서 나라를 세우실 적에 '태백이 가이 홍익인간'이라, 이 인간을 널리 유익하게 할 수 있다고 하는 그런 이상을 세우시고, 우리 나라를 세워 주셨고, 신라에서 나라를 다스릴 적에 '광명이세'라 밝은 누리를, 밝은 세상을 실현하겠다 하는 것이 우리의 국가 이상이고 민족의 이상이었습니다.

이제 민주주의 국가에서 제언할 것은 밝은 세상을, 밝은 누리를 실현해야 되겠다는 것입니다. 증거로부터, 이 땅 사물로부터, 모든 행위로부터, 어디어디를 가든지 간에, 조금도 어두운 구석이 없고 다 밝아야 하겠습니다. 그래야만 이 나라가 진정한 독립 국가로서 발전할 가능이 있다고 생각합니다.

이런 의미에서 오늘 여러분께서 많이 모여 주신 것은 저 같은 사람을, 하잘것없는 사람을 그렇게 칭찬을 주어서 그 책 짓는 수고를 위로해 주신다고 하는 것보다는 이 『나라사랑의 길』을 나도 너보다 더 잘, 너와 같이, 나라사랑의 길을 밝히기를, 닦기를 힘쓰는 사람이라고 하는 것을, 오늘 저녁에 저하고 그러한 동지적 민족적인 그러한 감정을 교환하기 위해서 다 오신 줄로 생각하고 매우 감사하여 마지아니하오며, 이 앞으로 어찌 되었던 간에 우리가 이 나라를 사랑하여서 진정한, 훌륭한 독립·자유의 나라로 영구히 발전할 수 있도록 하시기에 많은 노력을 해 주셔서, 이 모두 사회의 지도적 지위에 계신 분들이니까, 이 앞으로 어느 방면에 가든지 간에, 다 그러한 심중을 뿌려서 심어 주시기를 간절히 바라마지 않습니다.[10]

한국 학도들의 나아갈 길

초대 대통령이 된 이승만은 권력욕의 화신이었다. 상하이 임시정부에서 탄핵되어 쫓겨난 적이 있으면 더욱 각성하면서 새 정부를 이끌어야 함에도 안보·민생·민주주의는 뒷전이고 아첨배들에 둘러싸여 오직 정권연장에만 혈안이 되었다.

전쟁 중인 1952년 부산에서 발췌개헌으로 헌법을 개정하여 재선되고, 1954년에는 종신개헌안을 내어 사사오입 개헌을 통해 대통령에 3선되었다. 1958년 국가보안법 등 관계 법령을 날치기로 처리하여 야당과 언론을 탄압하고, 조봉암 진보당 당수를 처형하는 등 정적을 제거하면서 4선을 위해 1960년 봄 전무후무한 부정선거를 획책하고 있었다.

당시 월간 『사상계』와 더불어 진보적인 『새벽』이란 잡지가 있었다. 장이욱이 발행인으로 자유당 정권에는 눈엣가시와 같은 존재였다. 1960년 『새벽』 3월호에는 너무 많이 알려진 조지훈 고려대 교수의 「지조론」이 실렸다. 최현배는 『새벽』 4월호에 「한국 학도들의 나아갈 길」이란 시론을 실었다. 3·15 부정선거가 자행되고 마산에서 시민·학생들의 부정선거 규탄시위가 일어날 시점에 논설을 쓴 것이다. 4·19혁명의 전야, 그야말로 '새벽'이 오기 전의 캄캄한 시기였다.

자유당 말기 한국의 청년들은 좌절과 패배의식에서 잔뜩 주눅 들어 있었다. 전후의 황량한 풍토에서 일자리를 찾기 어렵고 정치는 부패하고 지식인들은 타락하여 청년들의 희망을 저버렸다. 『새벽』과 『사상계』 등이 그나마 정론지의 명맥을 유지하고, 깨어 있는 청년 학도들이 즐겨 읽었다. 최현배의 글을 띄엄띄엄 소개한다.

여기에 학도라 함은 장래의 생활을 위하여 지식과 기술을 배워 얻고자 고등 교육을 받고 있는 사람을 이른다. 따라 그 배우는 전문적인 학과의 다른 것만큼 그것을 배우는 학도의 진로도 여러 가지로 다를 것이다. 공업을 배우는 사람은 장차 공업에 종사할 것이요, 의학을 배우는 사람은 장차 의사가 될 것이요, 농업을 배우는 사람은 장차 농업에 종사할 것이다. 이와 같이 그 배운 지식과 기술에 따라 그 진로가 각각 서로 다를 것이다.

외국 기자 한 분이 우리나라에 와 보고서 하는 말이, "한국에는 대학을 마친 사람들이 서울의 거리거리의 찻집에 모여 앉아서 쓸데없는 잡담만 하면서 시간을 허비하고 있더라"고 하였다. 이러한 사태의 책임을 다만 기성 사회에만 돌려보내고 태연할 수 있으랴? 이 조그마한 반쪽 나라에서 손에는 흙도 기름도 묻히지 않고 다만 붓대나 혀나 놀려서 잘 살아 보겠다고 생각하는 젊은이들이 너무 많은 탓이 아닐까. 직업을 가지고 제 집안의 생계를 세우는 것은 인생의 첫째 가는 의무임을 깨치지 않으면 안 된다.

그러나 이제 우리는 다시 나아가 생각해 보아야 한다. 사람은 배워 얻은 지식과 기술을 가지고 직업을 잡아서 돈벌이를 잘 하여 잘 먹고 잘 입고 잘 살면 고만인가? 그리고서 거기에 무상의 행복을 느끼면 고만일까? 개, 돼지는 배만 부르면, 또는 새끼만 많이 치면 고만이요, 행복이겠지마는, 사람이란 단순한 동물적 존재가 아니다. 옷 밥 집이 전체가 아니며 종족 번식이 최대의 것이 아니다. 참다운 사람은 물질적 생활과 동물적 번식만으로는 도저히 만족할 수가 없다. 진정한 사람다운 행복을 그 속만에서는 찾을 수가 없다.

최현배는 온건한 성품대로 말이나 글이 격렬하지 못하다. 하지만 다소 고답적인 글속에서 진리를 담고 진실을 설파한다. 마치 가마솥에서 오래 끓이는 숭늉 맛이랄까.

청년은 이상을 찾고 세우는 시절에 처한 사람의 이름이다. 나이는 젊되 이상을 찾지 아니하는 사람은 족히 청년이란 이름에 값할 수 없다. 이상은 현실과 대립한다. 그러나 아주 현실과 무관한 것은 아니다. 현실 속에서 현실에 사로잡히지 아니하고서, 그 현실을 초월하여서 그 현실을 가치의 세계로 인도하는 관념이 곧 이상理想인 것이다. 사람은 이러한 이상을 가지고 살아가는 데에 그 가치가 있으며 그 의의가 있는 것이다. 우리의 물질적 생활은 이 이상적 생활의 실현에 도움되는 것이어야 하며, 우리의 모든 가진 것은 다 우리의 스스로 있음에 시중드는 것이 되잖으면 안 된다. 사람은 여러 가지의 직업에 종사하고 지나지마는 그 도달하고자 하는, 도달하여야 하는 최종·최고의 목표는 한 가지이니, 그것은 곧 사람의 참된 가치를 실현함에 있는 것이다. 인생은 애쓰고 높은 산을 올라간다. 그 올라가는 길은 여러 갈래로 다르지마는 그 도달하는 산꼭대기는 하나인 것이다.

최현배는 암담한 한국 사회의 병리현상을 적시한다.

다행히 세계 대전의 결과로 해방되어 사천 년 구원한 한배

나라의 광복을 얻게 되었다. 그러나 외세로 인하여 두 쪽 난 국
토가 아직 통일되지 못하여 정치적 경제적 문화적 자주 발전에
막대한 장애가 있을 뿐 아니라, 북한 공산군의 불법 침입으로
인한 동란의 상처는 아직도 완전히 회복되지 못한 채, 정치는
부패하고 사회는 혼탁하고 도덕은 타락하고 인심은 악화되어
갈 뿐이다. 외형적으로는 학생의 수는 몇 배로 늘었건마는, 교
회와 신도의 수는 많이 늘었건마는, 세상은 갈수록 더욱 어지
러워 사사건건이 거짓과 우악(虛僞와 暴力)이라, 넷에 다섯을 보
태면 아홉도 되고 열도 되기가 예사이며, 반 조각 사람이 온 사
람보다 십 배, 백 배의 힘을 행사하며, 아무러한 진실(眞理와 事
實)도 우악으로써 거짓으로 만들기 예사이며, 아닌 사실도 우
악으로써 참스런 사실로 만들기 예사이니, 누구를 믿으며 무엇
을 잡고 서랴? 예로부터 튼튼하지 못한 것을 '모래 위의 누각'
이란 말이 있다. 거짓과 우악 위에 세워지고 버티어 가는 나라
가 어찌 길 줄이 있으랴?[11]

한배 나라는 청년 제군을 부른다

이 논설의 후반부는 어느 한 대목도 빼내기가 어렵다. 해서
전문을 싣는다.

우리는 희망을 포기하는 것은 자기 개체의 인격과 사명을 부

186

인하는 것이 될 뿐 아니라, 조상과 자손에 대한 최대의 죄악이기 때문이다. 그러면 이 나라 이 겨레의 희망을 붙일 곳은 어디인가? 그것은 다름 아닌 젊은 세대, 그 중에도 학업을 닦는 학도들이다.

대한 나라의 젊은 학도들은 겨레의 새싹이요, 나라의 기둥이다. 수리먹은 고목에는 고운 꽃과 아름다운 열매를 바라지 못하지마는, 씨에서 솟아난 새싹에는 푸른 잎, 붉은 꽃, 맛난 과실도 기약할 수 있고, 나중에는 아름드리 재목도 바랄 수 있는 것이다. 새 집을 짓자면 기둥을 잘 세워야 하며, 헌 집도 기둥이 튼튼하여야 고쳐 꾸밀 가능성이 있는 것이다.

젊은 학도는 새싹으로서 모든 사람의 소망을 모으며, 기둥으로서 깃든 사람의 의지와 안심을 사는 것이다.

오늘의 한국 학도들이 제각기 새싹과 기둥으로서의 구실을 다하여야만 한배 나라의 장래에 광명과 소망이 있을 것이니, 학도 제군의 책임이 실로 무겁다 하겠다. 이 중대한 책임을 다하려면, 학도 제군은 다음의 몇 가지 일을 차리지 아니하면 안 된다.

첫째, 제 나라의 문화스런 전통과 흥망 성쇠의 역사에 관한 정확한 인식과 돈독한 사랑을 가져야 하며,

둘째, 민주주의의 기본 정신을 잘 이해하고, 또 민주주의스런 모든 생활 방식에 관한 올바른 태도와 버릇을 가져야 하며,

셋째, 올바른 세계관, 인생관을 가져야 하며,

넷째, 사회를 철학하는 능력을 가지고서 현실에 관한 냉정한

관찰과 그 개선 혁신에 대한 뜨거운 정열을 품어야 하며,

다섯째, 지식과 기술을 배우고 익히는 동시에 그 지식·기술을 올바르게 사용할 목적-이상을 세워야 한다.

이러기 위하여서 그대들은 다만 책이나 선생의 말을 기계적으로 외거나 모방하지 말고, 모든 것은 다 제 스스로의 판단 아래에서 이를 진정한 나의 지식, 나의 소견으로 삼아야 하며, 나아가 그 위에다가 제 스스로의 생각과 발전을 보태어야 한다.

이러한 태도로써만 능히 지식과 소견이 뚜렷한 인격이 형성되는 것이다. 그리하여 사회 현실에 대한 정확한 관찰, 사회 개량에 대한 뜨거운 정열, 재건된 한배 나라를 영구의 흥황으로 인도하려는 큰 포부를 가지고 교문을 나오도록 하지 않으면 안 된다.

정의감에 불타고 섬김과 희생의 정신이 왕성한 젊은이들이 해마다 해마다 대학의 교문을 나와서, 그 가는 곳마다 착실하게 제 이상을 실현하기에 열중하여 글소경을 없이하고 민중을 계발하며, 농업 기타의 각종 생산업의 진흥에 재간과 열성을 기울이며, 농촌·어촌·산촌을 도회지와 함께 날마다 달마다 더 살기 좋은 곳으로 만들어 가며, 우악으로써 불의·비리를 강행하는 일을 근절시켜 순리로 되어 가는 사회가 되도록 하여 사람과 사람과의 사이에 친화와 신의가 돈독하게 되도록 힘쓴다면 대한 나라의 장래에는 희망과 광명이 들어찰 것이다.

그러나 실사회의 어지러운 파동은 너무나 사나운 것이다. 그대들이 지덕을 닦고 포부와 기백을 가지고 교문을 나왔다 하더

라도 일자리 구하기, 옷밥을 벌기가 그리 만만치 못한 경우가 허다하다. 그래서 여러 가지로 생각하다가 필경엔 현실과 타협하고, 현실에 굴복하고 말기 십중팔구이다.

재물과 권세의 앞에 무릎을 꿇고 나니 정의도 양심도 간 곳 없이 사라지고, 이상과 포부가 다 수포로 돌아가고 오직 아첨과 추종, 비굴과 교만, 탐욕과 향락이 그의 온 심정과 행동을 지배하게 된다. 이렇고 보면 그 청년은 몸은 살아 있어도 청년다운 본질은 이미 죽은 것이다.

만약 대학을 나온 청년들의 인격이 사나운 현실 앞에 풍전등화같이 쓰러지고 만다면 그대들의 학창에서 얻은 지식·기술은 다만 죄악과 부패의 방조물이 되어, 나라의 운명은 영영히 돌릴 수 없는 비참의 구렁으로 떨어지고 말 것이다.

대한의 학도들이여! 그대들의 나아갈 길의 목표는 일신의 영달과 일가의 안락에 있지 아니하고 오로지 되세운 한배 나라의 통일된 독립과 민주주의스런 육성에 있으며, 배달 겨레의 진정한 자유와 영구한 복락을 꾀함에 있나니, 먼저 제 나라와 겨레를 건진 연후에라야 비로소 세계·인류의 행복과 자유의 증진에 참례할 자격이 있는 것임을 분명히 깨달아야 한다. 한배 나라는 이제 청년 제군을 부른다.

넉넉한 차림과 굳센 결심으로써 이 부름에 응답하고 나설 이 그 누구누구인고? 한배 나라의 장래는 온전히 그대들의 것이다.[12]

1960년 4월의 학도들이 "이승만 타도"의 함성을 지르며 교문을 박차고 나선 데는 최현배의 이 글도 얼마만큼 작용했을 것이다. 이 글이 실린 『새벽』 4월호가 시중에 깔리고, 대한민국의 청년 학도들은 4·19민주혁명의 대열에 나섰다.

10장

힘겨운
그러나
보람찬 역정

주시경의 두 제자 남북에서 한글운동

훌륭한 학자의 역할은 본인의 학문적 연구와 더불어 유능한 제자를 키우는 일이다. "세종대왕 다음으로 한글 연구에 빛나는 분"[1] 이라는 평가를 받는 주시경 선생은 최현배·김두봉·김윤경·이윤재·이병기·신명균·권덕규·이상훈·이극로·김선기 등 기라성 같은 제자를 키웠다. 이들에 의해 일제강점기 이래 남북에서 우리말과 글이 지켜졌다.

주시경 선생은 일제에 나라를 빼앗긴 뒤에도 사전을 '말모이'라고 하고, 우리 글자를 '한글'이라고 하고, 우리말을 '한말'이라고 새 이름을 지어 불렀다. 또 단체 이름의 '회'를 '모임'이라고 짓기도 했다. 호도 다른 이들은 한문으로 짓는데 '한힌샘'이라고 했다.

주시경 선생이 대한제국 말기에 만든 국어연구학회는 1910년 나라를 일제에 빼앗겨서 국어가 일본말이 되니 1911년에 배달말글몯음(조선어문회)으로 이름을 바꾸었다. '배달말글몯음'이란 토박이말 이름이 정겹다.

　주시경 선생의 토박이말을 살려서 쓰려는 정신과 우리말로 이름을 짓는 정신은 개척정신이고 우리말을 살리는 바른길이다. 오늘날 우리가 이어가야 할 위대한 일이고, 본받아야 할 좋은 일이다. 그런데 이 정신을 우습게 보는 한문과 영어 노예가 이 세상을 지배하고 이끄니 힘들고 또 어렵다.[2]

　분단 70년도 더 지난 오늘날, 남북 간에는 38선에 못지않은 이질감이 생기고 가로막혔다. 일반적으로 한 뿌리였던 언어가 1세기(100년) 정도 별리 상태가 지속되면 공통의사소통의 언어가 어려워진다고 한다. 아직까지는 남북 간의 의사소통에 별 문제가 없다. 북한 방송에서 사용하는 단어나 말투가 다소 생경하기는 하지만 이해를 못할 정도는 아니다.

　앞으로가 문제다. 일제강점기 억압 속에서도 우리말을 써왔던 남북한의 우리 민족이 비록 분단이 되었으나 언어사용은 그대로였고 2~3세대까지 이어져왔다. 100년이 지나 4~5세대에 이르면 크게 달라질 것이라 우려하는 학자들이 있다.

　결국 1948년을 기점으로 각기 다른 국어 정책을 펼치기 시작한 남한(대한민국)과 북한(조선민주주의인민공화국)의 언어생활이 활발한 상호 교류가 이루어지지 않는다면 2048년 무렵부터는 원활한 의사소통에 어려움을 겪게 될 것이란 말이다. 사실 남한과 북한의 우리말 정책은 뿌리가 같다. 왜냐하면 그 정책을 수립하고 집행한 이들이 대부분 조선어학회를 비롯한 단체에서 함께 활동했을 뿐 아니라 학술적으로는 주시경의 이론을 계승한 이들이기 때문이다.[3]

해방과 더불어 전개된 남북분단은 한글의 운명에도 위협을 크게 불러왔다. 불행 중 다행인 것은 주시경의 제자들이 남북한에 '배치'됨으로써 한글이 생명력을 유지할 수 있게 되었다는 점이다.

주시경의 수제자라 불리던 김두봉은 3·1혁명에 참여했다가 일경의 체포를 피해 1919년 4월 망명길에 올랐다. 상하이 임시정부를 거쳐 한인사회당 → 한국독립당(비서장) → 조선의용대 → 화북조선독립동맹(주석) → 조선혁명군정학교(교장) → 연안파로 활약하다가 해방을 맞아 북한으로 들어왔다.

북한에서는 북조선임시인민위원회 부위원장 → 북조선노동당 위원장 → 북조선인민회의 위원장 → 최고인민회의 상임위원장 → 김일성종합대학 초대 총장 → 조선어문연구회에서 실세로 참여하면서 북한에서 한글전용 등의 큰 업적을 남겼다.(1958년 3월 '반당 종파분자'로 몰려 숙청)

당시 조선어문학 강좌와 조선어문연구회가 중점적으로 추진한 한자 폐지와 글자 개혁을 전제로 하는 새로운 맞춤법, 곧 '조선어 신철자법'(1948. 1. 이하 '신철자법')의 제정은 김일성의 노선에 따라 김두봉의 '지도' 아래 진행되었다. 북한 정권수립 직전인 1948년 7월 김일성종합대학에서 북한 최초의 언어학 박사학위를 받은 것, 조선어문연구회의 기관지인 『조선어연구』 창간호(1949)가 "이국 땅에서 풍찬노숙의 생활을 하시면서도 오히려 해방 조국의 문화 건설을 앞내 보시고 조선어문에 대한 연구를 꾸준히 계속하여오신 공화국의 오직 한 분이신 언어학 박사 김두봉 선생"이라는 찬사를 늘어놓은 것, 1949년에 탄생 60주년 기념 논문이 발표된 것 등은 북한 언어 정책에서 김두봉이 차지하고 있던 위상을 단적으로 보여준다.[4]

김두봉에 이어 분단 후 북한을 선택한 조선어학회 출신과 한글 학자에는 이극로·정열모·유열·홍기문·김수경·김병제 등이 있었다. 이들로 인해 소련의 막강한 정치적 영향력 아래서도 북한이 민족언어를 지킬 수 있었고, 한글전용이라는 쾌거를 단행하게 되었다.

대한민국에서는 최현배와 그의 동지들이 미군정에 이어 이승만 정권의 탄압에서도 한글을 지키고 한글날을 제정했으며 한글 기계화라는 획기적인 과업을 해내었다. 분단 후 남한에서는 최현배, 북한에서는 김두봉이 언어정책을 이끌었다.

일제 패망 후 남한을 점령한 미군은 한국의 실정을 전혀 모르는 문외한들이었다. 한반도와 가장 가까운 거리 오키나와에 주둔해 있다는 이유로 한국으로 파견됐으니 한국사정을 모르는 것이 당연했을 터이다. 하마터면 남한에서 영어가 공용어가 될 뻔하였다.

미국은 1945년 9월 7일 맥아더 장군 이름으로 발포한 태평양 방면 육군총사령부 포고 제1호의 제1조에서는 "북위 38도 이남의 조선 영토를 점령한다"면서 제5조에서는 "군사적 관리를 하는 동안에는 모든 목적을 위하여서 영어가 공용어이다"라고 포고하였다. 조선에 관한 무지의 소치이기도 했지만, 조선총독부가 자행해온 '조선어말살'의 연장선상이었다. 일제는 패망하면서 각종 왜곡된 정보를 미군에 제공했다.

미군정기 하마터면 '영어공용화' 될 뻔

미군정 초기 각종 회의에서는 영어가 공용어로 사용되었다. 미군정이 영어를 할 줄 아는 친일파들과 그들의 후예들을 중용하고 그들이 이승만 정권에서 고위직을 맡게 되면서 친일세력이 화려하게 부활하였다. 이같은 사정과는 달리 미군정으로서는 영어가 일반적으로 통용되지 않는 한국에서 언제까지나 (영어를) 공용어로 사용할 수는 없었다.

대소 전략의 테두리 안에서 조선 인민들에게 미국식 민주주의를 교육시키고자 했던 미군정은, 사전 정보와 군정의 준비 부족 때문에 학교 교육의 운영 면에서 한국의 교육 전문가들에게 의존할 수밖에 없었다. 그리하여 자문기관으로 설치된 '조선교육위원회'의 도움으로 미군정은 1945년 9월 17일에 발포한 일반명령 제4호를 개정하여, 9월 29일 미군정법령 제6호로써 공·사립학교의 개학을 발표했다. 이때 제4조에서 "조선 학교에서의 교육 용어는 조선어로 함"을 명시했다.

일제에 의해 국어의 지위를 잃고, 또다시 미군정이 들어서면서 공용어의 자리마저 영어에 내주어야 했던 우리말이, 우여곡절 끝에 교육용어로 공식화된 것이다. 물론 이는 한국의 교육 전문가들이 개입한 덕이었다. 조선교육위원회가 구성된 후 곧바로 재조직된 미군정청 학무국에는, 조선어학회 핵심 인사인 최현배와 장지영이 편수부장 정·부 책임자로 취임했다. 최현배는 1945년 9월부터 1948년 9월까지 미군정 기간 내내 편수국장을 맡았다.[5]

4·19혁명으로 독재자 이승만이 물러나고 민주당이 집권했다. 하지만 몇 개월 만에 1961년 5월 박정희가 쿠데타를 일으켜 군사정권을 수립하면서 한국은 최현배가 그토록 그리던 민주주의 대신 긴 세월 군사파시즘이 지배하게 되었다.

최현배는 무력감에 빠졌다. 하지만 그는 학자로서의 직분과 한글 연구의 끈을 놓지 않았다. 4·19혁명 나던 해 재단법인 숙명학원 이사로 위촉되고, 1962년 신학기부터 연세대학교 명예교수로서 대학원의 강의를 맡았다. 1962년 6월에는 재단법인 동국대학 임시 이사, 1964년 3월에는 동아대학교 문리과대학 교수로 초빙되어 부산을 왕래하면서 강의를 하였다.

최현배의 마지막 소망은 한글전용화에 있었다. 군사정부에 이를 촉구하는 작업을 진행하고 당로자들을 만나기도 했다.

최현배에게 박정희 정권의 등장은 마지막 기회였다. 1961년 군사정부가 들어서자 한글학회는 한글전용법을 개정하기 위한 투쟁을 벌였다. 최현배 등의 건의에 따라 1962년 2월 한글전용 특별심의회가 설치되어 한자어를 쉬운 우리말로 바꾸는 작업을 했다. 한글학회는 한글전용의 법제화를 촉구했으나 반대여론 때문에 바로 실현되지는 못했다.

그러나 미군정과 이승만이 그랬듯이 박정희 대통령이 통치의 한 수단으로 언어 문제에 주목하기 시작하면서 1960년대 말에는 한글전용화 정책이 다시 강화되었다.[6]

최현배와 한글학회 회원들의 눈물겨운 한글 지키기 투쟁은 일제, 미군정, 이승만 정권에 이어 박정희 정권에 이르기까지 이어졌다. 그런데 일제강점기 한글 대신 일본어를 상용하자던 사람들이 미군정기가 되자 재빨리 영어 상용론자로 변신했고 이들의 영향력은 박정희 시대까지 지속되었다.

이러한 시대 흐름에 발빠르게 대응한 백낙준·이묘묵·하경덕·유영채 등 미국 유학생들은 자신들의 자산인 영어 능력을 활용할 수 있는 길을 찾다가, 미군이 서울에 도착하는 1945년 9월 9일에 맞춰 미군을 환영하는 뜻으로 영자신문 『코리아 타임즈』를 창간했다. 이제 영어는 '민주주의'라는 외피를 뒤집어쓰고 친미파들의 이데올로기이자, 생존 무기가 되어가고 있었다.

특히 미군정 기간 동안 영어 구사능력은 신분상승의 중요한 도구가 되었다. 미군정은 '통역정부'라고도 불렸는데, 군정 기간에 영어를 잘하는 사람들이 요직에 앉아 남한 정치를 주물렀기 때문이다. 통역정부에서 활약했던 대표적 인물이 바로 조병옥이다.[7]

'한글과 문화혁명' 통해 보수언론과 대결

최현배의 한글연구에 대한 집념은 강인했다. 우리 근현대사에서 한 주제(목표)와 관련 그이처럼 집요하게 연구하고 투쟁하는 사례도 찾기가 쉽지 않다.

군사쿠데타로 세상이 또 한 차례 뒤바뀌는 1962년 8월 최현배는 「한글과 문화혁명」이라는 시사논문을 썼다. 쿠데타를 일으킨 군인들이 자칫 보수신문·지식인들에 둘려 한글정책을 잘못된 방향으로 이끌고 갈지 모른다는 우려에서였을 것이다. 이 논설은 한자혼용론자들을 비판함으로써 큰 파문을 일으켰다.

여기서 쓰는 '문화혁명'이란 용어는 물론 중국에서 모택동에 의해 주도된 '반문화적인 문화혁명'이 일어나기 훨씬 전의 일이다. 그는 "문화란 무엇인가? 자연을 그대로 두지 않고, 거기다가 사람의 생각과 힘을 더하여 사람의 살림에 유익하고 편리하고 고상하고 값있게 만드는 일"[8] 이라고 정의한다. 여기서는 장문의 논설에서 한글과 관련된 부분을 발췌한다.

내가 말해 온 바를 다시 뭉그리건대, 말과 글은 사람 생활에서 문화 창조의 첫 싹인 동시에, 또 그것은 문화 창조의 가장 근본스런 연장이다. 그 잘 만들어진 정교한 연장은 생산물의 품질과 수량을 높이는 것은 지극히 평이한 이치임과 같이, 좋은 말과 좋은 글은 그 겨레의 문화창조를 매우 유리하게 하는 것임이 말하지 않아도 절로 뻔한 일이다.

그런데, 유럽 사람들은 중세기 오랜 동안에, 그리스·라틴의 고전말의 학습과 사용의 거북한 굴레를 쓰고서 침체와 쇠잔에 기식이 천천하다가, 14~5세기로부터 각 국민은 제각기의 고유의 말, 곧 이른바 근대말을 높여쓰기를 비롯하는 한편, 또 인쇄술의 발달로 말미암아 글자 사용의 분량과 효과가 현저히 혁신되었기 때문에 유럽 천지에 근대 문명의 문이 열리게 된 것이다.

이제 우리 배달 겨레는 문화 창조의 연장으로서 훌륭한 한글을 가지고 있음은 큰 소망과 행복을 약속한다. 성명하신 세종대왕께서 한글을 새로 지어 반포하시는 동시에 이 글자로써 여러 불경을 뒤지게 하며, 또 몸소 「용비어천가」·「월인천강지곡」 같은 순수한 국문학의 첫머리를 지으셨다.

다시 말하면 한글이 남으로 말미암아, 우리말이 비로소 글자말 노릇을 하게 되었으며, 참된 우리 문학이 시작된 것이다. 때는 15세기 중엽, 유럽에서는 겨우 근대의 새벽이 먼동트기

200

시작하였고, 아메리카 새 대륙은 아직 발견의 꿈을 품는 사람 조차 없었다. 아메리카 세 대륙 발견자 콜롬보스는 한글과 같이 1460년에 이 세상에 났던 것이다.

만약, 우리의 조상들이 진작부터 높은 이상을 체득하고 한글로써 문화 혁명을 일으켰다면, 삼천리 반도 강산에 찬란한 한글 문화가 무르녹아, 온 겨레가 행복과 자유 속에서, 세계 일등의 나라 살림을 하게 되었을 터인데, 이제 뒤떨어진 나라로서 남의 원조가 아니면 도저히 살아 갈 수 없는 형편에 놓여 있으니, 어찌 통탄스럽지 아니할소냐?

무릇 무슨 종류의 혁명이든지 간에 반드시 낡은 세력의 유형 무형의 반항이 있는 것은 피할 수 없는 사태이다. 이제 글자의 혁명, 문화의 혁명에 대해서도, 그 반항의 소리가 여기저기서 들려오고 있다.

혹은 극심한 반항으로 한글만 쓰기의 부당함을 외치고, 혹은 뜻글로서의 한자의 이익점을 논하고, 혹은 동양 고전 문화를 버릴까를 근심하고, 혹은 아까운 한자를 다 버리기는 어려우니 천여 자만이라도 제한하여 쓰자 하며, 혹은 한자말을 다 순 우리말로 고쳐 놓은 뒤에 하자 하며, 혹은 하기는 해야 하겠지마는, 시기가 아직 이르다고 하며, 혹은 후세의 자손들에게 원망을 듣지 않기 위하여 신중히 하여야 한다는 최만리 식의 신중론을 늘어놓기도 함을 본다.

이는 다 한자 사용에 젖어 버린 나이 많은 식자들의 심리에 어쩔 수 없이 일어나는 반항 또는 걱정인 것이다. 이러한 걱정들이 그네들에게 있어서는 제 딴은 심정일 것이다.

그러나 이 따위 걱정들이 아무리 그네들 낡은 세력의 진정한 심리의 걱정이라 할지라도, 그것은 일부분 일방면의 걱정이 아니면, 또는 자기 중심의 편의주의, 이기주의가 아니면, 저도 모르게 뼈에 젖어 있는 사대 사상의 넋두리에 불과한 것이다.[9]

동아·조선의 어문사설 격한 비판

최현배는 이 글에서 『동아일보』와 『조선일보』가 한글전용을 비판하는 기사와 사설을 쓴 데 대해 이를 적극 반박하였다. 예나 지금이나 지식인들이 거대 언론사와 맞서는 것을 두려워한다. 이것은 정치인들도 마찬가지다. 해서 부당한 기사나 비판에도 어지간해서는 반박하는 것을 꺼리고 넘어간다. 최현배는 달랐다. 일제나 이승만과도 거침없이 싸웠던 그였기에 가능했을 것이다.

요즈음 ㄷ신문 사설에는 한글전용에 대한 의견을 늘어 놓았다. ―한글은 모두 24자, 이를 배우기 쉬움은 한자에 비길 것이 아니다. 그러나, 배우기 쉽다는 것만 생각하지 말고, 한번 그 활용의 편리를 생각한다면, 한글은 도저히 한자에 미치지 못한다. 한자는 배우기는 힘들지마는, 한번 배워 놓으면, 그 활용의

202

편리가 막대하다. 왜냐 하면, 한자는 뜻글자이기 때문에, 읽는 수고도 할 것 없이 보기만 하면 반사적으로 그 뜻을 깨치는 잇점이 있다는 것이다.

이런 한자 맹신자의 소리가 우리 나라 큰 신문의 사설로 나타내어지고, 또 그것에 대한 아무런 반박이 없으니까, 아마도 매우 글쓴이는 만족하고 있을는지 모르겠다.[10]

최현배의 비판은 이어진다.

그런데 또 그 신문에서 아무님은 한글전용 교육의 폐해를 논하여 가로되 "국한문 혼용 교육을 한다면, 국민 학교만 졸업하고라도 능히 신문을 볼 수 있다는 것은 과거 경험에서 알 수 있다. 그런데, 오늘은 대학을 졸업하고서도 신문을 제대로 보는 자가 적다… 그래서 청년들이 너도 나도 다투어서 대학에 다니려고 하고 있다."라고 하였으니, 우리 아이들이 일인 아이보다도 그렇게 한자 배우는 힘이 월등하게 많을 수 있을까?

그가 과거의 경험을 말하니, 이는 더욱 부당한 말이다. 과거의 신문일수록 한자 사용의 수가 많았는데, 국민 학교만 나오면 능히 신문을 읽었다 함은, 마치 내가 젊을 적에는 맨손으로 범을 잡았다는 풍머리와 무엇이 다를 것인가? "한자 만능의 선입견은 하나의 신앙은 될지언정 과학은 될 수 없다."는 말투를 나는 그에게 돌리고 싶다.[11]

최현배는 『조선일보』에 대해서도 비판한다.

다음에 ㅈ 신문의 아무님(나는 ㅈ이라 기호한다)은 '한글전용
교육의 폐해'를 논하여, 한자 교육을 안 하기 때문에 대학을 나
와도 국어를 충분히 이해하지 못하니, 다른 학과도 어렵게 된다.
한자 교육을 할 것 같으면 국민학교만 나와도 신문을 능히
읽을 힘이 있어 유식한 사람이 될 터인데 한글전용 교육은 청
년들을 무식쟁이로 만든다고 통탄한다.
나는 ㅈ님에게 묻고자 한다. 도대체 '무식'과 '유식'의 구별은
어디에 있는가? 한자를 알아야만 유식하지, 한글만 알아서는
무식을 면하지 못한다는 당신의 생각은 19세기나 15세기의 케
케묵은 관념이다.
우리의 생각에서는 '유식'은 한자를 깨치는 데에 있지 않고,
온갖 사물의 이치—그 생산, 구조, 성질, 이용 방법들을 아는
데에 있는 것이지, 글자를 아는 것을 가리킴은 아니다. 글자를
아는 것은 지식을 얻는 방법에 관한 것 뿐이니, 이로 말미암아
글로 적혀 있는 지식을 얻을 수 있을 따름이다.[12]

최현배는 이들 신문의 논조에 대해 준엄한 어조로 타이른다.

한 말로, 신문은 대중에게 섬김을 드리는 데에 본 구실이 있는
것이요, 결코 국민 대중으로 하여금 제 스스로를 섬기고 높이게
하는 데에 그 노릇이 있는 것은 아니다. 그러므로, 시대가 달라

지면 신문 자체도 달라져서 그에 순응하지 않으면 안 된다.[13]

최현배는 이 책의 말미에서 '한글혁명'의 방안을 제시한다.

1. 온 국민이 다 글자눈을 뜨게 된다. '눈 뜨고도 글 못 보는 글소경'이 없어진다.
2. 국민 교육의 나아감이 빠르며, 지식의 일반 수준이 높다.
3. 모든 신문이 진정한 국민 대중의 공기가 되어, 국민에게 정말로 나라 안 나라 밖의 소식과 지식을 이받는 기관이 된다.
4. 과학 기술의 교육을 효과스럽게 실시할 수 있어, 각종 산업의 생산증가를 누리게 된다.
5. 한글의 기계삼기機械化가 잘 되어서, 국민의 문화 생활에 막대한 이익과 편리가 얻어진다. 이러한 글자 사용의 혁신이 없이는 도저히 뒤떨어진 이 나라 이 사회를 남과 비견할 수 있는 경지에 올려 놓을 수가 없겠다.
6. 모든 방면에서 참된 민주주의 살림을 일삼을營爲 수 있게 된다.[14]

11장

박정희 시대,
교육개혁론과
청년들에 호소

'나라 건지는 교육' 통해 교육개혁 제시

최현배는 교육사상가였다. 그의 올곧은 생애가 곧 '교육'의 상징이 되었다. 일제에 부역하고 이승만 정권에서 어용학자 노릇을 해온 교육자들이 박정희 시대에도 여전히 교육계의 지도자 행세를 하고 있었다. 교육계뿐만 아니라 정계·학계·언론계·문단에서도 대동소이한 현상이었다. 대학에서 교육학을 전공한 그는 이같은 한국교육의 실정을 누구보다 가슴 아파하며 걱정하였다.

최현배는 1963년 3월 정음문고판으로 『나라 건지는 교육』을 간행한다. 1959년부터 쓴 글을 모은 책자였다. 문고판 4장 221쪽에 불과하지만 내용은 알찼다. 생애의 말년에 우리나라 교육 현실을 지켜보면서, 자신의 교육사상을 제시한 것이다.

외솔은 나라의 어려운 고비마다 나라사랑의 충정으로 나라 사랑의 이론서를 지었다. 유학의 학창에서 학업을 마침에 『조선 민족 갱생의 도』를 지어 우리 겨레의 굴레를 벗어 버리고,

되살아날 것을 외쳤고, 광복된 조국이 이승만 정권의 부패로 파멸의 구렁이로 떨어져 감을 보고는 『나라사랑의 길』을 지어, 온 국민의 참된 각성을 외쳤다.

그러나 자유당 상하 간부들의 '거짓'과 '우악'의 썩은 정치가 갈수록 심함이 1960년에 이르러 극에 달하여, 교육마저 썩어 버리게 되었다. 여기에 외솔은 붓을 들어 나라 건지는 교육을 역설한 논문을 썼다.

이 글이 끝나자 일어난 3·15 부정선거는 북새통을 이루고, 4·19혁명 뒤 교육에까지 미친 부패는 도를 지나쳤다. 5·16혁명으로 개선의 희망이 보이긴 했으나, 사람의 잊어버리는 관성을 우려하여, 이에 전날의 썩은 교육계, 잘못된 교육관을 폭로 비판한 앞의 논문을 『나라 건지는 교육』이라는 책으로 엮어 낸 것이다.[1]

이 책은 다음과 같이 구성되었다.

　　가. 첫째, 나라 건지기와 교육

　　나. 둘째, 생활 능력의 교육, 근로 생산의 교육

　　다. 셋째, 화합 협동인을 길러내는 교육

　　라. 넷째, 이기주의에 사로잡힌 노예 상태에서 해방된 자유
　　　　인, 바침과 섬김의 사람을 길러내는 교육

　　마. 다섯째, 사회와 나라의 참된 요구에 맞는 교육

　　바. 여섯째, 도덕교육을 힘쓸 일

사. 맺음말—교육관념을 고치자

최현배는 이 책을 쓰게 된 배경 즉 '교육의 목적'을 다음의 글에서 명확히 제시한다.

교육의 목적은 사람의 마음의 문을 열어, 다른이들의 희로애락을 제 스스로의 그것처럼 느낄 수 있게 하며; 넓은 마음으로 모든 가난하고 불쌍한 사람들을 제 품안에 안아 줄 생각을 하게 하며, 제 한 몸의 부귀영화보다도 온 겨레의 안녕과 행복을 기원하며, 제 한 집의 번영과 안락보다도 그 나라의 향상과 발전을 생각하게 하는 데에 있는 것이다.[2]

최현배는 교육철학의 기본을 경쟁과 더불어 협동정신에 두었다.

사람 사회에 경쟁이 있음은 사실이다. 그러나 경쟁의 한 쪽만을 보고, 협동의 다른 한 쪽을 보지 못함은 큰 잘못이 아닐 수 없다. 수많은 사람들이 가지가지의 직업을 가지고 살아 갈 수 있음은 그 각가지의 직업이 협동적으로 그 사회를 굴려 가기 때문이다.

한 가지의 직업도 여러 가지의 잔 일로 갈라져서 일하게 되어서 더욱 그 기술의 향상과 능률의 증가를 얻게 됨은, 그 각 가는 갈래가 서로 협동하여서 하나를 이루기 때문이다.

교육을 받은 사람이 사업인들로 더불어, 잘 협동할 수 있어야만 그 생애를 성공적으로 살아 갈 수 있으며, 또 그 나라와 겨레에게 섬김의 도리를 할 수가 있게 되나니, 교육의 목적도 이러한 협동인을 길러 내는 데에 있잖으면 안 된다.[3]

학생들의 도덕교육에 역점

최현배의 교육론은 반세기가 지난 오늘날에도 유용한 대안이 될 수 있다. 대학교육의 문제점에 관한 부문이다.

대학에서도 인문 사회 학과의 수가 과학 기술 학과보다 많다. 또한 대학의 수가 해마나 늘어나고 있음은 나라의 계획에 의한 것이 아니요, 대학을 차려 놓기만 하면 입학생이 쇄도(그 원인은, 땀흘려 일하려는 생각 없음, 관존 민비의 사상, 출신의 보람판 얻기, 병역 기피, 일종의 유행 풍기 등)하여, 학교 운영이 유지되고도 남음이 있기 때문이다.

이러한 '대학 기업', 혹은 '학교 기업'이라는 불건전한 현상을 '대학의 경영'이 공황기에 빠지기 전에 막아야 한다. 자연 도태, 자연 정리가 오기를 앉아서 기다릴 수는 없다.

한편 현재 우리 나라의 형편에 맞는 각종 기술자, 과학자, 그밖의 각종 지식인이 얼마나 필요한가? 그 수를 과학적으로 조사해야 한다.

문교부(교육부)는 대학의 설립 허가를 더 이상 하지 말아야
한다.

표준 성적에 미달자는 내보내어 다른 일에 나아가도록 할 일
이다.

제도로써 대학 진학에 제한을 두어야 한다.[4]

최현배는 이 책에서 특히 학생들의 도덕교육을 강조한다. 국
민의 '도덕 실행력의 강약'이 나라의 흥망성쇠를 좌우한다는
사례를 적시하면서, 도덕교육의 방법론을 밝힌다.

도덕교육의 목표

사람을 사랑하고 사람됨의 가치를 높이는 정신을 마음깊이
기르는 것이 도덕 교육의 목표이다.

이 목표를 이루어내기 위하여 다음의 구체적 목표를 세워야
한다.

1. 나날의 살음(생활)의 행동거지의 법칙을 깨쳐, '올바른' 버
   릇을 들인다.
2. 착함과 악함(선악), 정의와 불의를 판단하는 능력을 기른다.
3. 개성의 자유를 도와, 끊임없는 창의로써, 살음을 더 좋게
   하는 태도를 가지도록 인도한다.
4. 민주주의의 성원으로서, 도덕적인 태도와 의욕을 높이도
   록 한다.

도덕교육의 내용

위와 같은 목표 아래에 이루어지는 도덕 교육의 내용을 다음과 같이 요약한다.

첫째, 나날의 버릇 문제

1. 목숨을 귀히 여기고, 절제와 균형있는 살음으로 몸과 마음의 건강 유지.

2. 정리 정돈의 버릇을 기름.

3. 때와 물건과 돈의 값어치 분별.

4. 일을 즐겨 하며, 끈기 있게 최후까지 해내는 태도와 버릇.

둘째, 도덕적 판단력과 심정을 높이어, 실천하는 문제

1. 나 및 모든 사람의 인격을 존중한다.

2. 진리를 찾고 이상을 품고, 현실의 고난을 이기며, 적극적 진취적 생활 태도를 가짐.

3. 허물과 실패가 있을 때는 솔직한 인정과 반성을 하여 재기에 힘씀.

4. 정직하여 표리가 없으며, 진실하고 믿음직한 사람이 됨.

5. 부지런히 제 힘으로 살아간다.

6. 검소하고 질박하여, 씩씩한 기상을 가짐.

7. 궁한 중에도 예의와 염치, 절개와 신의를 지킴.

8. 남녀 간의 교제는 정대 순결하여, 이해와 경애로써, 개인 및 사회생활의 품위와 행복의 증진에 합당하도록 함.

9. 권리에 앞서 의무를 다하며, 보수에 앞서 직분을 다함.

10. 믿음과 참음으로 끝내 소망을 지님.

셋째, 개성의 피어남과 문화 창조를 왕성히 하여, 겨레 문화 번짐을 꾀하는 문제

1. 조상의 유형 무형의 문화를 존중 숭상.

2. 개인의 천성과 자질을 존중하여 자유스럽게 피어나게 함.

3. 끊임없는 창의로써 제도 문물 학술 예술의 향상.

4. 배달 겨레의 전통과 문화의 특색을 살리고, 이를 세계 문화에 공헌함.

넷째, 민주주의 나라의 구성원으로서, 필요한 도덕심을 발휘하여, 더 좋은 나라 세우기에 협력할 것

1. 사랑과 용서, 존경과 도리로써 화목하고 건전한 가정을 이룸.

2. 신뢰로써 집단 생활의 향상에 힘씀.

3. 너그러운 마음으로 서로 화합함.

4. 겸손한 마음으로 남의 의견에 귀 기울임.

5. 개인의 복락은 전체의 복락 속에, 그 나라의 복락 속에서만 누릴 수 있음을 깨달음.

6. 나라의 모든 기관의 권력은 국민에게 주어진 것임을 깨달음.

7. 작은 집단은 큰 집단 내지 나라의 한 분자임을 깨치고, 작음을 버리고, 큼을 취함.

8. 편견과 사심을 버리고, 모든 일에 공명정대하게 처리함.

9. 정의가 지배하는 사회

10. 씽씽한 생기로서 참된 민주주의를 싸워 얻음.

11. 제 나라 사랑과 아울러, 국제적 이해와 인류의 정신으로 국제 사회에 이바지함.[5]

'겨레의 얼과 국어의 앞길' 강연

한글학회는 각도에 지회를 설치하였다. 한글운동을 보다 체계적이고 조직적으로 벌이기 위해서였다. 경북지회가 1966년 5월 3일 대구에서 결성되었다. 최현배는 경북지회 결성 기념 학술대회의 연사로 초청받아 「겨레의 얼과 국어의 앞길」이란 주제의 강연을 하였다. 이날 강연에서 "뼈끝까지 사무친 사대근성을 버리자"면서, 여자 아이들 이름에 일본식 '자' 자를 많이 쓰고 있는 것을 통렬하게 비판한다. 강연 내용이다.

사람은 말을 가져서 비로소 사람다운 것입니다. 말도 못 하는 어린애가 겨우 말을 알아듣고 작은 심부름을 할 때 "강아지보다 낫다."고 하는 것은 비로소 사람답게 되어 가는구나 하는 소리입니다. 그러니 말은 그 민족의, 그 나라의 상징입니다. 말이 다르면 겨레가 다르고 나라가 다릅니다. 나라를 잃으면 말을 잃고, 말을 잃으면 겨레를 잃는 것입니다.

그래서 말은 겨레답게 합니다. 아일랜드 사람들이 오랜 영국의 굴레에서 벗어난 뒤 나라를 찾았으나 말은 거의 잃어버렸습니다. 그래서 아일랜드 사람들은 잃어버린 제 말을 찾기 위해

피나는 노력을 했습니다. 영국말의 침략을 적게 받은 시골의 할머니를 찾아가서 말을 다시 찾기 위해 다시 배우고 연구하고 강습회가 열리고, 온 국민이 노력해서 마침내 제 말을 다시 찾았습니다.

이스라엘은 어떠합니까? 그들이 오랜 슬픈 역사! 나라 없는 설움을 맛보고 제 땅 이스라엘에 돌아오기 시작한 것은 2차대전 후입니다. 그러나 그들은 제 말을 완전히 잃어버리고 각기 다른 말들을 쓰고 있었습니다. 48가지의 말이 쓰였다고 합니다.

제 땅은 찾았으나 말을 잃었으니 이것은 나라 잃은 설움보다 더 컸던 것입니다. 그 때 48가지 말 중에서 영어가 제일 많이 쓰였다고 합니다. 만일 다수결로 했더라면 영어가 국어가 되었을 것입니다.

그러나 그들은 잃어버린 유태말을 다시 찾기 시작하였습니다. 교과서를 정리하고, 사전을 만들고, 여기에는 정말 어려움이 컸습니다. 그런데 20년이 지난 오늘날 그들은 완전히 제 말을 찾았습니다.

우리는 조국 근대화를 서둘고 있습니다. 그러나 공장의 굴뚝 수효가 많아지면 근대화가 되는 줄 압니까? 어림도 없는 말입니다. 중공이 지금 원자탄을 터뜨리고 있습니다. 그러나 중공의 근대화가 원자탄만 가지고 될 줄 압니까? 원자탄이 터졌다고 8억의 중국인이 다 근대 문명에 젖을 수 있습니까? 근대 문명은 문자 생활의 대중화에 있습니다.

'글자가 있는 나라도 중국이요, 글자가 없는 나라도 중국'이라는 말이 있습니다. 중국에 글자는 분명히 있습니다. 그러나 그 글자는 일부 권세있고 머리 좋은 귀족들의 것이지 8억 중국인의 것은 아닙니다. 그러니 그 글자가 있으나마나 한 것입니다. 한자를 버리지 않는 한 중국의 근대화는 이룰 수 없습니다. 그것은 중국인들도 너무나 잘 압니다.

그래서 그들은 백 년 전부터 한자 폐지 운동을 해 왔습니다.

최근 외국 잡지를 보니 중공은 한자를 없애기로 했다고 합니다. 언제 없앨는지는 모르나 좌우간 없애야 할 것입니다.

"4천 년 내려온 우리 글자도 참 아까운 것이다. 그러나 8억의 중국인은 더욱 아깝다. 한자를 버리느냐, 중국인을 버리느냐, 한자도 귀중하지만 중국인이 더욱 귀중하다."

이것은 중국의 선각자들 말입니다. 어떤 사람은 일본은 한자를 쓰고 있는데 어째서 발전했느냐 하고 따지지만, 일본이 한자를 버렸다면 지금보다 더 발전했을 것이 아닙니까? 일본은 글자가 병신이라 한자를 버릴 수 없습니다. 우리가 병신의 흉내를 내자는 것입니까? 중국은 또 그 말이 한자를 버리기에 애로가 많습니다.

중국과 일본, 그들도 모두 한자를 버리려고 몸부림치고 있습니다. 그런데 우리가 왜 이 꼴입니까. 공장을 세우는 것도 중요합니다. 그러나 그것 보다는 우선 급한 것이 문자 생활의 대중화입니다. 이것이 근대화의 지름길입니다.

최근의 서양 형편을 보면 모든 학술용어들이 모두 제 나라의 고유의 말로 바뀌고 말았습니다. 과거에 라틴 말로 써 오던 말본 용어나 의학에 대한 말을 모두 제 말로 고쳤습니다.

라틴 말의 마지막 보루였던 가톨릭교의 여러 가지 의식도 모두 제 나라 말로 하게 되었습니다. 그런데 우리는 아직 한자를 쓰고 한자말을 곧잘 만들어 내고 있습니다. 제 것은 무엇이나 나쁘고 남의 것이 무엇이나 좋다는 사대 근성입니다.

해방 전에는 '긴상', '복상' 하던 사람들이 해방이 되자 '미스터 김'·'미스 박' 하게 되었습니다. 요건 뭣입니까? 이제 우리말을 거의 찾았다고 하지만, 아직도 우리 속에는 일본말이 많이 있고, 왜색 말들이 많습니다.

서울 어느 여자대학의 겨우 60명 중 48명이 '자子'자 항렬이라고 합니다. '정자', '숙자', '애자', 이건 제 딸을 낳아 일본 딸을 만든 것입니다. 내가 내 심정대로 한다면 이 '자' 자를 가진 딸들은 모조리 현해탄 너머로 쫓아 버리고 싶습니다.

얼빠진 사람들! 한심한 사람들! 딸을 낳아서 일본의 딸로 만들다니 이것이 어찌 통탄한 일이 아닙니까?

'자' 자는 현해탄 너머로 보내자, 이 최현배, 민족의 이름으로 외치는 바입니다.

여러분, 나라를 사랑하는 길은 많지만, 첫째, 제 것을 찾고 제 정신에 살아야 합니다. 그러기 위해서는 제 말 제 글 들을 사랑해야 합니다.

여러분, 오늘밤 가슴에 손을 얹고 생각해 보시오. 내가 과연 내 정신에 살고, 내 스스로의 길을 가고 있는가를.[6]

한글학회 '문화선언' 발표

1960년대 최현배의 사회 활동은 주로 한글학회를 중심으로 이루어졌다. 그의 중심과제는 여전히 한글에 있었다. 1964년 박정희 정부는 20년 가까이 실천해 오던 한글전용방침을 바꾸어 교과서에 한자 1,300자를 섞어서 1965년부터 실행하기로 방침을 바꾸었다. 한자병용을 부단히 주장해온 보수세력의 압력 때문이었다.

한글학회를 이끌고 있던 최현배는 1964년 11월 15일 제43회 총회를 소집하였다. 총회는 결의로써 교과서에 한자를 섞어 쓰는 것은 위법이요, 시대역행임을 낱낱이 들어 비판하고, 정부는 역사 위에 씻지 못할 오점을 남기지 말고, 잘못된 정책을 당장 철회하라고 주장했다. 결국 정부는 1970년부터 교과서에서 한자를 빼고, 한문을 따로 가르치도록 하였다.

한글학회는 이에 앞서 11월 15일 제43회 정기총회에서 「한글전용에 대한 한글학회의 주장」 곧 「문화선언」을 다음과 같이 발표하였다.

1. 한국의 나랏글자는 한글이다. 우리들의 일상 생활에서는 한글만 쓰기로 해야 한다.
2. 문화의 촉진은 글자 생활의 기계화에 있으며, 글자 생활의 기계화는 한글만을 씀으로써 이루어질 수 있다.
3. 한글전용은 한자어를 배척함을 뜻하는 것은 아니다.

4. 모든 학과목에 쓰이는 용어는 될 수 있는 한 알기 쉬운 우리말로 해야 한다.

5. 한문의 전문적 학습은 지금보다 더 철저히 해야 한다.

6. 한자로 적힌 우리의 고전은 빨리 한글로 번역되어야 한다.

7. 우리 나라의 신문, 잡지는 다 한글만 쓰기로 하여야 한다.[7]

한글학회는 한자 또는 구미어로 된 과학 용어를 우리말로 고치기 운동을 전개하여 해방된 그해(1945년) 8월부터 1970년대까지 직접 제정 또는 감수하여 왔다. 그리하여 수학, 채광, 항공, 물리, 화학, 요업, 건축, 토목, 천문, 기상, 농학, 농업, 경제, 양잠, 축산, 음식, 미용, 당구, 화훼, 전기 및 법령, 경찰, 금융, 증권, 조폐, 농산물 검사 용어 들을 많이 제정하여 우리나라 문화의 터전을 닦아 놓았다.

이런 일에 최현배는 노구를 이끌고 꾸준히 참여하여 그동안 갈고 닦은 우리말·글의 전문 지식을 크게 활용하였다.

청년에게 하소한다

최현배는 1965년 박정희 정권이 굴욕적인 한일회담을 강행하는 등 민족자존에 크게 역행하는 처사를 지켜보면서 겨레의 앞날을 걱정하는 날이 많아졌다. 평생을 우리말과 글의 지킴이로 살아온 그에게는 여간 실망이 아닐 수 없었다.

1965년 『현대수양전집』 제10권에 실린 다음의 글에서 최현배는 중국 고사에 나오는 백이 숙제로부터 성삼문 등 사육신, 바보 온달 등 고금의 '어리석은 사람들'의 사례를 들면서 박정희 시대 한국 사회의 병리현상을 질타하는 한편, 한국 청년들의 행동지침을 제시한다.

오늘날 우리나라에는 어리석은 이가 적음은 지울 수 없는 사실이다. 바른 말이지 간 데마다 잘난 이, 재줏군, 꾀많은 이, 약바른 이로 들어찼음을 본다.

법을 범하고도 법망에서 솔솔 빠져 걸리지 않는 사람, 징집되어 가서도 거침 없이 용하게 병역을 면하고 나온 이, 세금을 내지 않는 사람, 제 주머니의 돈을랑 쓰지 않고 남의 돈, 구의(공공)의 돈, 나라의 돈을 제 돈보다 더 잘 쓰는 사람, 명리 앞에서는 신의와 절조를 썩은 개같이 버리는 사람, 양주밥 먹고 고양구실을 하기를 예사로 생각하는 사람—이런 이들의 하는 행동은 가지가지이지마는, 그 생활 태도는 한가지다.

개인주의, 이기주의, 방편주의, 현실주의, 당면주의가 그의 생활 철학이다. 이러한 사람들은 다 반들반들한 깐돌이요 바둑돌이며, 매끌매끌한 미꾸라지이다.

이러한 잘난 이, 똑똑한 이, 영리한 이, 재줏군들로만 들어찬 사회와 나라는 과연 어떠한 결과를 가져올 것인가? 그네들 자신더러 말하라면 이야 물론 걱정 없다. 다 잘 되어 갈 것이라고 하리라. 그러나, 과연 이런 사람들이 이 세상을 더 좋은 세상으

로 진보 발달하게 할 수 있을까? 나는 여기에 대하여 '아니'라 하지 않을 수 없다고 생각한다.[8]

최현배는 타락한 사회에서 기성세대 아닌 청년들에게 희망을 건다. 4·19혁명을 쟁취하고, 한일굴욕회담에 반대하여 궐기했던 당시의 학생들이었다.

우리 나라의 현실이 아무리 썩고 어지럽고 기막히게 답답하더라도 우리는 도로 찾은 한배 나라의 장래에 대한 소망을 내버릴 수는 없다.

우리는 어떠한 고난을 당할지라도, 겨레의 참된 자유와 행복을 추구하는 의욕을 포기할 수는 없다. 그러면 이렇듯 혼탁한 세상을 맑고 깨끗하게 하며, 이렇듯 어지러운 사회를 바로잡을 사람이 그 누구일까? 우리는 누구를 보고(향하여) 하소와 부탁을 할 수가 있을까?

그것은 겨레의 청년들이다. 청년은 아직 세상의 독소에 물들지 아니하였기 때문에, 그들에게는 이상의 꿈이 있고 의리의 기개가 있으며, 정열과 용기가 있다. 나라를 사랑하고, 겨레를 사랑하는 심정은 이러한 청년을 붙잡고 간절한 하소로서 우리와 장래를 부탁하는 수밖에 딴 도리가 없는 것이다.

대한의 청년 남녀들이여! 그대들은 우리 겨레의 새 순이요, 새 가지이다. 배달 겨레의 앞날에 아름다운 꽃을 피우며, 토실토실한 열매를 맺어 영화와 번성을 누리게 할 소임이 그대들의 두 어깨에 지워져 있는 것이다.

그대들이 이 무겁고도 영광스런 사명을 다하기를 바라는 마음이 간절한 나는, 그대들이 어리석은 사람이 되기를 바란다. 세상의 명예와 이익을 탐하지 아니하며, 지위와 권세에 아첨할 줄 모르는 어리석은 청년이 되기를 바란다.[9]

최현배는 이 글의 '발문'에서 다음과 같이 청년들에게 하소한다.

나의 사랑하는 배달 겨레의 젊은이들이여! 그대들은 각각 안으로 양심의 불을 밝히고, 밖으론 촛대의 불을 밝히고서 작으나마 뜨겁게 타면서 용감히 나아가라. 그리하여 앞에 닥치는 모든 불의를 꺾고, 온갖 유혹을 이겨 내라. 불은 어두움을 쫓고, 소금은 썩음을 막나니, 그대들은 불과 소금이 되어, 암흑한 이 나라를 밝히고 썩어 가는 이 사회를 깨끗이 하라. 오늘의 한배 나라는 촛불로 타는 청년을 부르며, 소금으로 짠 젊은이를 기다린다.[10]

청년이여, 어리석은 사람이 돼라

최현배는 청년들에게 '어리석은' 사람이 되라고 제안한다. 백이 숙제·사육신·바보 온달 등 역사상의 어리석은 사람들처럼 처신하라는 매우 의미 깊은 내용이 담긴다.

내가 그대들에게 어리석은 사람이 되어 다오라고 부탁하는 것을 웃지 말지니, 어리석음은 사람의 큰 덕德의 하나이기 때문이다.

나이가 육십이 넘어서, 과거의 가지가지의 경험을 뭉그려(종합하여) 보건대, 커 가는 어린아이들 가운데 무재無才가 재줏군보다, 어리배기愚鈍者가 꾀배기怜悧者보다 참을성과 믿음성이 많으며, 끈기와 부지런(근면)이 있으며, 장래성이 푸짐이 확실한 사실이다. 비유하건대 꾀배기는 놋화로에 담은 솔가지 불과 같아서 담은 그때에 화끈화끈 달다가 어느새 식어 버리기 쉽지마는, 어리배기는 질화로에 담은 겻불과도 같아서 그 위에 덮어누른 돌덩이를 이고서 밤새도록 뭉긋이 타고도 그 이튿날 아침에도 여전히 뜨거운 기운을 품안고 있음과 같다.

인류의 역사에서 혹은 과학의 진리를 천명하고, 혹은 그 진리의 인생에의 활용을 마련하고, 혹은 종교의 개혁을 이뤄내고, 혹은 새 대륙을 발견하고, 혹은 새 대륙에 사람의 낙원을 건설하고, 혹은 망해 버린 한배 나라를 도로 찾아, 또는 위급한 제 나라를 건지어서 동포를 노예상태에서 풀어놓아 자유민이 되게 하고, 혹은 도덕의 권위를 나타내고, 혹은 사람됨이 존엄을 세우고, 혹은 이 세상에 사랑이 최대의 덕임을 실현하고, 혹은 사람의 값을 최고도로 발휘한 사람들은 다 일종의 어리석은 사람들이었으니 갈릴레이·쁘루노우·뉴우톤이 그러하였고, 루터·칼빈이 그러하였고, 콜럼버스·청교도가 그러하였고, 칼리발디·마사릭·웰링톤·이순신이 그러하였고, 백이 숙제, 성삼문·박팽년이 그러하였고, 소크라테스·링컨·간디가 그러하였고, 공자·석가모니가 그러하였고, 예수가 그러하였다. 우리는 이러한 역사적 사실을 명념하여야 하며, 이러한 인류적 유산인 교훈을 준수하여야 한다.

반 세기의 노예 상태에서 풀어 놓인 배달 겨레의 오늘의 처지는 실로 태령을 넘고 나니, 또 닥친 험산이요, 독사를 비켜 나니 앞에 나선 맹호일새, 겉으로는 결박을 풀었으나 속으로는 결장結腸이 시작했다. 한배 나라의 위기는 절박하다. 이 절박한 사태는 일촌의 유예를 허락하지 아니한다. 대한의 청년들이여! 얼핏 일어서라! 사천 년 유구한 역사의 나라는 백만의 어리석은 청년을 부른다. 이 소리 없이 외치는 부름에 응답하고 나설 이는 결코 반들반들 닳은 재줏군이 아니요, 오직 어리석음의 덕을 가진 청년뿐이다.[11]

최현배는 한글 연구에 침식을 잊고 몰두할 때는 학자의 모습이고, 일제와 독재정권과 싸울 때는 투사의 모습이며, 부패한 사회를 질타하며 청년 학도들을 '격려'할 때는 지사의 풍모를 보인다.

또 그대들은 인류 역사의 진전에 있어서 개인의 힘의 위대함을 잊어서는 안 된다. 사람을 유익하게 하겠다는 생각, 좋은 일을 이뤄 내겠다는 결심, 나라의 위기를 건지겠다는 포부를 품고서 모든 장애와 싸우며, 온갖 고난을 겪으면서도 조금도 실망하거나 굴복하거나 자포하거나 하지 않고, 끝끝내 한 길로 나아가는 '불굴의 정신'의 소유자가 필경에는 그 나라와 옳음을 구하고 마는 것임을 잊어서는 안 된다. 온 천지가 허연 눈으로 덮이어 있는데, 홀로 생생한 절개를 자랑하는 푸른 소나무와도 같이 한 사람의 절조는 능히 그 나라를 구하고, 인류를 구할 수도 있는 것임을 우리는 믿어야 한다.

우리 젊은이들 각자가 내 혼자만이라도 곧은 뜻을 품고 바른 길을 걸어, 앞 닥치는 장애와 고난과 싸우면서 나아가서 내 겨레, 내 나라를 건지겠다는 마음을 먹을 것 같으면, 또 그러한 사람이 모든 단체에나, 기관에나, 사무실에나, 학교에나, 관청에나, 회사에나, 은행에나 한 사람씩만이라도 있다면 그 단체, 그 기관, 그 사무실, 그 학교, 그 관청, 그 회사, 그 은행은 능히 바른 길로 인도되고 나라와 겨레가 생명과 소망을 얻고, 자유와 행복을 누리게 될 것임을 그대들은 믿어야 한다.

젊은 세대여! 그대들은 나 하나를 무가치한 것, 무능한 것으로 자평하지 말지니, 이 세상의 타락은 이러한 자기 멸시에서 조짐하는 것이니라. 또 그대들은 나 하나를 태산같이 세워 움직이지 말지니, 하나가 서면 다른 여럿도 따라 서는 것이다.

하나라 하여 각각 서지 아니한다면, 어디서 한꺼번에 만이나 억이 설 수가 있을 것인가? 온 세상이 침침한 칠야에 잠겨있을지라도, 한 집, 한 집이 각각 촛불을 밝히면 그 동네, 그 고을,

그 나라는 밝아 오는 것임을 우리는 깨쳐야 한다.

　나의 사랑하는 배달 겨레의 젊은이들이여! 그대들은 각각 안으로 양심의 불을 밝히고, 밖으론 촛대의 불을 밝히고서 작으나마 뜨겁게 타면서 용감히 나아가라. 그리하여, 앞에 닥치는 모든 불의를 꺾고, 온갖 유혹을 이겨내라.

　불은 어두움을 쫓고, 소금은 썩음을 막나니, 그대들은 불과 소금이 되어, 암흑한 이 나라를 밝히고, 썩어 가는 이 사회를 깨끗이 하라. 오늘의 한배 나라는 촛불로 타는 청년을 부르며, 소금으로 짠 젊은이를 기다린다.[12]

12장

한글만 쓰기에
마지막 열정

'한글만 쓰기'의 철학

최현배의 '중심개념'이 우리말·글의 연구에 있었다면 '실천개념'은 '한글만 쓰기 운동'에 있었다. 해방이 되고 30여 년이 지난 1960년대 후반까지도 일제강점기에 교육을 받고 왜정에 부역을 했던 학자·언론인들이 여전히 한국 사회의 여론 주도층이 되어서 한글전용화에 어깃장을 놓고 있었다. 거대 신문사들이 앞장섰다.

최현배는 생애의 마지막 과업으로 '한글만 쓰기'에 온갖 열정을 바쳤다. 그의 사후인 1970년 10월에 나온 『한글만 쓰기의 주장』은 부제 「그 반대론자의 의혹을 풀어 밝힘」이 말해 주듯이 한글만 쓰자고 주장하면서, 그 반대론자들의 그릇된 사고를 바로 잡고자 한다. 그는 이 책의 출간을 보지 못한 채 눈을 감았다.

이 책에는 최현배가 평생 동안 탐구하면서 축적된 '한글만 쓰기'의 철학과 실천논리가 들어 있다. 뿐만 아니라 한자병기론의 부당성, 반시대성을 논리적으로, 과학적으로 분석·비판한다.

228

아울러 세계 각국의 글자·말씨 정책을 소개한다.

여기에는 벨시아의 국어 정책, 아라비아말의 발전, 알바니아의 말글 반항 운동, 불가리아의 말글 정책, 알바니아의 겨렛말, 러시아의 말씨 정책, 독일의 말씨 정책, 벨기에의 국어 정책, 인도의 언어 정책, 중국의 말글 정책, 일본의 말씨 정책 등을 소상히 전한다. 터키의 국부로 알려진 케말 파샤의 말씨 정책까지 소개한다.

여기서는 첫째 가름 「한글만 쓰기의 주장의 까닭」과 셋째 가름 「한글만 쓰기의 실천」의 주요 내용을 소개한다. 다음의 글은 첫째 가름 중 「한글만 쓰기의 교육상 이익」이라는 부문이다.

1. 한글만 쓰기(사용)는 한자를 가르치고 배우기에 정력·시간·경제·생명의 낭비·소모를 막는다.

한글은 옛날부터 하루 아침에 배울 수 있는 글이란 말이 있음과 같이, 오늘날 어린아이가, 유치원이나 학교에도 가기 전에, 벌써 쉬운 글을 읽는다는 것은 아마도 집집마다의 어머니들이 잘 아는 바이다. 오늘의 맞춤법을 어렵다는 사람이 간혹 없잖아 있기도 하지마는, 이는 다 자기의 낡은 버릇에만 갇혀 있어, 새것을 알고자 조금의 힘도 쓰지 않는 사람일 따름이다.

2. 교육의 참된 본질적 효과를 거두게 된다.

어려운 한자를 배우기에 세월을 허송하지 않게 되므로, 한글만 쓰기는, 완전히 겁풀 교육의 폐해를 버리고 알속 교육을 베

풀어, 교육의 본질적 목적인 바탕스런 지식·기술의 내용을 얻게 하는 효과를 가져온다.

3. 기억하는 교육에서 생각하는 교육에로.

인생 70 일생에서, 가장 지력 발달이 왕성한 시기는 여섯 살에서 열두 살에 이르는 동안이라 한다. 이때에 한자같은 어렵기 짝이 없는 기억거리만을 공급하여, 아이들의 기억을 강요하는 것은, 교육상 심히 그릇된 방법이 아닐 수 없다. 왜냐하면, 그 시절의 아이가 물론 기억도 잘하는 터이므로, 그 기억 교재도 잘 배워서 잘 기억한다. 그러나, 이렇게 주어진 것을 기억하기만 하고, 그 머리를 "사물을 생각하기"에 길들이지 않고 보면, 그 아이가 장래 어른이 되어서도 앞에 닥친 사물의 발생·성장·발전, 들에 관한 자발적 관찰과 진리 탐구와 처리하기에 대한 능력이 부족하여, 인생의 앞길을 타개하여 전진하지 못하고, 드디어 인생 경쟁장속의 낙오자가 되고 말게 된다. 어떤이는 개탄한다: 오늘날 소학생의 지식이 가장 많은 것은 아마도 한국·일본의 소학 졸업생일 것이다. 왜냐하면, 한국이나 일본의 초등학교에서는 주로 기억 교재를 주입하여 이를 암기시키기에 교육 작용이 있는 것으로 하고 있기 때문이다. 그 반면, 대학생의 학문하는 능력이 가장 낮은 나라는 아마도 한국과 일본일 것이다고. 나는 항상 말하였다: 한국의 학생들의 공부는 소학에서 대학에 이르는 동안 피라밋 식임에 대하여, 서양 학생의 그것은 바로 그 반대로, 피라밋을 거꾸로 세운 것과 같다.

우리나라의 학생들은 소학 시절에 닥치는 대로 먹어 삼키는 공부를 지독히 다해 놓았기 때문에, 대학에 가서는 사물에 관한 자발적 흥미와 진리 탐구의 여력이 없어져서, 다만 선생의 강의 노오트나 그대로 기억하여 겨우 시험에 낙제나 안하면 된 걸로 생각한다고.

교육의 올바른 방법은 가장 지력 발달이 왕성한 소학 시절에 모든 학과에서 자발적인 흥미와 사고를 유치단련하여서, 그 아이가 나이가 많아 가고, 학교가 높아 갈수록, 더욱더 생각하는 능력을 배양발휘하여, 진리를 천명하고 학문을 대성하는 지경에 이르게 하는 일이다. 소학 시절에 이천 자의 한자 기억을 강요함으로써, 그 '생각하기의 능력'의 발달을 막는 것은 '사람 만드는 교육'이 아니라, '소 만드는 순육馴育'이라 하겠다. 옛 사람도 그릇된 교육을 '사람의 자식을 도적하는=해치는 것'이라賊人之子 하였다. '한글만 쓰기' 만이 참된 교육을 가능하게 한다.

나는 여기서 교육적 효과로써, 한글만 쓰기의 첫째 근거를 삼았다. 왜냐하면, 교육은 인간에서의 가장 근본스럽고 귀중한 일이기 때문이다. 사람의 지식이 참된 사람이 되며, 사람의 고귀한 정신을 발양하여 착한 인생, 아름다운 사회를 이루며, 또 모든 기계를 개발하고, 기술을 발달시켜, 사람살이를 더욱 편리하며, 각종 산업을 일으켜 풍성한 생활을 일삼게 하는 일들이 다 교육의 터전우에서만 가능한 것이다.

다시 말하면, 교육은 사람을 사람되게 하며, 사람답게 살 수 있게 하며, 학문과 도덕과 예술과 종교와 경제의 이상(가치)을 창조하게 한다. 곧 교육은 문화의 창조와 문명의 전승으로써, 가치 실현의 역사생활을 가능하게 하는 원동력이요, 말과 글은, 이렇듯 고귀하고 중대한 교육의 기초 수단인즉, 교육적 효과의 여하가 그 글자의 선택 기준이 됨은 당연한 사리임이 틀림없다. 내가 교육의 참된 효과로써 한글 올쓰기專用 주장의 '첫째 원리'로 삼는 까닭이 여기에 있다.[1]

한글 기계화의 효과

최현배가 한글 기계화에 앞장서 왔음은 앞에서 소개한 바 있다. 이를 논리적으로 뒷받침하는 「기계화의 효과」라는 대목이다.

글자 사용을 기계삼기(기계화하기)에는, 그 글자 수가 제한될 수밖에 없다. 서양에서도, 그들이 사용하는 26낱의 로오마자로써 기계삼기를 자유로 하고 있다. 글자의 수를 불우더라도 어느 정도까지는 기계삼기가 전연 불가능하지는 않다. 일본에서도 200자의 한자를 일문에 섞어서 모노타입을 만들어 쓰고 있다.

그렇지마는, 많은 수의 글자로써 기계에 올리는 설비는, 간단함·경제성·편리성이 없을 뿐 아니라, 돈과 노력은 많이 들면서 그 효용의 분수는 매우 적기 때문에, 기계삼기의 본목적에 들어맞지 못한 것이 되고 만다.

보통의 타자기, 텔레타입, 라이노타입 같은 것은 30자 이내의 자수만이 가능하다. 그러므로, 한자 1,300자 같은 것은 도저히 기계삼기에 감당하지 못한다. 우리의 한글은 24자로서, 로오마자보다도 더 편리하다.

그러므로, 기계삼기의 효과를 거두려면, 한자 섞어 쓰는 일은 그만두고, 한글만으로써 국민의 글자 생활의 전면을 덮지 않으면 안 된다. 여기에 '한글만 쓰기'의 큰 이유가 있는 것이다. 곧,

1. 한자는 기계삼기에 부적당하다.
2. 한글 타자기, 한글 텔레타입, 한글 라이노타입, 한글 콤퓨터를 개발, 제조, 사용함으로써 우리나라의 정치·경제·문화·사회 생활을 고도로 발달시킬 수 있다.
3. 한글 기계삼기의 공효는 실로 크다. 아직 우리 생활이 이러한 기계를 쓰지 않고 있기 때문에, 도리어 그 공효를 실감하지 못하는 것도 사실이다. 그러나, 서양 선진 사회에서의 실제 생활을 몸소 가서 체험하고 보면, 이런 기계의 사용 여부가 곧 그 나라의 흥망을 좌우하는 것임을 깨칠 수 있을 것이다.[2]

겨레 문화의 창조적 발전을 위하여

최현배가 한글 쓰기만을 고집스럽게 주장한 것은 단순히 우리

말·글이라는 애국심의 차원을 넘어서 겨레 문화의 '창조적 발전'을 위해서였다. 「겨레 문화의 창조적 발전을 위하여」 부문이다.

우리 겨레 문화는 역사적으로 완전히 한당漢唐 문화의 영향 아래에 있고, 또 근년에는 일본 문화의 지배 아래에 있었다. 고래로 우리에게 독특한 문화의 창조됨이 없지 않았건마는, 바깥 문화의 세력 때문에, 제 스스로의 발전을 이루지 못하였었다. 이제 겨레 중흥을 기약하는 오늘에 있어서, 한글만 쓰기로 함으로써 겨레 문화의 창조적 발전을 기할 수 있다.

1. 한글은 배달 겨레의 독창력으로 말미암아 지어진, 겨레 문화의 최상의 공탑이다. 동시에 이것은 모든 새 문화 창조의 기초가 되는 것이다. 다시 말하면, 한글은 우리 겨레의 창조력의 결과이자, 또 창조의 원동력인 것이다.
2. 겨레 중흥의 역사적 사명을 띠고 이 땅에 태어난 우리가, 조상들의 창조력을 계승하고, 한글의 우수성을 충분히 발전시킴으로써, 세계 독특의 겨레 문화를 창조·선양할 수 있다. 우리 문화 전통은 빛나고, 우리의 재능은 세계적으로 타고난 자질을 충분히 발휘시킬 수 있으니, 세계에 독특한 '배달문화권'을 형성할 수 있어, '빛은 동방으로부터'란 옛사람의 기대를 실현시킬 수 있겠다.
3. 배달말의 순당한 발달을 기대할 수 있다.

배달 겨레의 나라 생활, 사회생활은 온전히 제말 곧 배달말로 하여 왔었다. 나라이름, 따이름, 벼슬이름, 사람이름, 가정 생활의 친족의 이름, 사회 생활에서의 온갖 사물의 이름, 들들이 다 배달말로 되어 오던 것이, 신라 중엽에서부터 당나라의 한문화의 영향을 입어, 나라이름, 벼슬이름, 따이름, 들들이 차차 한자말로 뒤쳐지게 되어, 바깥 문화에 대한 추종 심리는 내 것에 대한 천시냉대로 되어, 신라인의 고안인 '이두' 글자가 제 구실을 감당함에 이르지 못하고, 이조의 세종 대왕이 훌륭한 글자 한글을 지어냈건마는, 한글 역시 온전히 제 구실을 하게 허락하지 아니하였다. 비록 긴 세월은 아니지마는, 일본의 침략은 우리 문화, 우리말에 몹쓸 속박과 강압을 주어, 거의 우리 말글의 사멸을 불러일으킬 정도에까지 이르렀다.

이러한 역사적 사정에서, 배달말은 쭈그러들고, 여려 지어, 사회적으로 유력한 말씨는 모두 한자말로 되고, 순수한 배달말은 거의 자취를 감추게쯤 되었다. 해방 후 겨레의 독립자유의 사상이 크게 떨쳐 왔지마는, 한자를 수위에 사용하고 있기 때문에, 새말에는 여전히 한자말이 횡행할 뿐이요. 배달말은 행정·학문, 들들의 들판에는 쓰히지 못하고 있다. 다시 한자는 진서이요, 한자말은 상등말이란 관념이 여전히 지도층 사람의 머리를 지배하고 있다.

이는 참 가탄할 현상이 아닐 수 없다. 우리는 한글만 쓰기를 적극 추진·실천함으로, 낡은 권위를 허물벗듯이 완전히 벗어버리고, 새로운 자존심과 독창 정신으로써, 모든 생활 영역에 배달말을 등장시켜야 한다.

그리함으로써, 세계의 식자가 입을 모아 칭찬하는 한글과 최근 일본의 언어학자까지 배달말의 말본의 우수성을 인정고조하는 배달말을 함께 높이고 다듬고 키우고 불음으로써 그 고유의 성능을 완전히 발휘시켜서, 그 순리스럽고 당연스런 발달을 가져오지 않으면 안 된다.[3]

글자 발달의 원리에 순응하기 위하여

최현배는 한글 학자이면서 언어학 연구가로서 이 분야에서도 남다른 연구 성과를 얻었다. 「글자 발달의 원리에 순응하기 위하여」라는 부문에서도 그의 해박한 언어학의 식견을 살피게 한다.

세계 글자 발달 계단으로 보아, 한글은 그 최고 계단에 달린 것으로, 가장 좋은 글자임이 틀림없다.

1. 글자 발달의 다섯 계단

사람의 글자의 지음은, 그 의사 표시를 시간 공간의 제한을 넘어, 길이 또 널리 전하고자 한 그 동기가 있었다. 그것은 (1) 매듭글자(결승문자), (2) 그림글자, (3) 뜻 글자 또는 낱말글자, (4) 소리글자로 발달되어 있다. 소리글자에도 두 계단이 있으니,

첫째는 낱내글자(일본의 '가나' 같은 것)이니, 이는 아직 닿소리와 홀소리의 분화가 이뤄지지 않고, 다만 닿소리와 홀소리와 합하여 이룬 낱내(음절)를 한 글자로 나타낸 것이요; 둘째는 낱소리 글자 또는 소리못 글자音韻文字이니, 이는 닿소리와 홀소리가 분화되어, 닿소리의 하나하나를, 또 홀소리의 하나하나를 하나의 글자로 나타낸 것이다.

그러한즉, 낱소리글자alphabetic letter는 인류가 지어낸 가장 발달한 글자로서, 최상의 글자인데, 오늘 세계에 널리 쓰이고 있는 로오마자와 우리의 한글이 이의 대표스런 글자이다.

그런데, 로오마자는 멀리 오천년 전의 이집트의 본뜨기글자(상형문자)에서 출발하여 수천 년 동안 여러 겨레의 손으로 말미암아 점차로 낱소리글자로 발달한 것임에 대하여, 우리 한글은 배달 겨레의 빼어난 슬기로 말미암아 세종 대왕 한분이 당대에 연구·완성·반포한 것으로서, 그 조직과 활용이 과학성을 완전히 구현하여 되었기 때문에, 오늘날 20세기 과학시대에서도 그 이상의 고안을 볼 수 없는 인류 최선의 독창적 과학적 글자로서, '한 소리 한 글자', 또 '한 글자 한 소리'의 다른 글자의 추종을 허락하잖는 영광의 글자이다.

이는 절로 우리 한국사람의 자화자찬의 망언이 아니요, 세계 지식인의 공인하는 바이다.[4]

한글은 세계 글자 가운데 가장 훌륭한 글자 이다

한글전용론자나 한글 운동가들은 국수주의자들이 아니다. 자기 나라 말(글)을 쓰자는 것이 국수주의라면 영어를 쓰는 미국이나 영국, 러시아어의 러시아, 한자어의 중국보고 국수주의 국가라고 부르는 것과 다르지 않다.

다음 부문에서는 국수주의 아닌 과학성을 내용으로 한다.

2. 한글은 세계 글자 가운데 가장 발달한 훌륭한 글자이다

인류 역사 있는 지 오천 년에, 각 겨레의 우수 분자들이 지어 낸 글자 수가 2백여 가지가 있지마는, 이러한 글자로서의 과학적 조건을 구비한 글자는 오직 한글 하나뿐이라 함이 조금의 에누리도 없는 사실이라면, 오늘의 배달 겨레가 제가 물려받아 지니고 있는 한글의 참값에 대하여, 깊은 깨침과 높은 자랑을 품고서, 한글을 높여쓰자는 '한글만 쓰기' 운동에 적극 호응하지 않으면 안 된다.

3. 한글만 쓰기는 전 인류 5천년 경험을 살려쓰는 것이 된다

한글만 쓰기는 다만 우리 조상의 문화 유산을 살리는 것일 뿐 아니라, 실로 전 인류의 오천 년 경험을 가장 합리적으로 살려쓰는 것이 되나니, 이에 대하여 또 무슨 다른 소견이 있을 수 없다.[5]

최현배의 전반생은 일제강점기이고 후반생은 이승만과 박정희에 의한 독재정권시기였다. 민주주의가 짓밟히고 있었지만 깨어 있는 지식인들과 국민들의 시대정신은 민주화에 있었다. 민주주의 신봉자인 그는 「시대 정신의 요청에 응하기 위하여」라는 부문에서 한글전용이라야 민주주의가 가능하다고 내다봤다.

사람은 공간적 존재인 동시에 또 시대의 아들이다. 따라, 사람은 그 시대 정신의 요청에 순응하여야 그 개인적 또 국가적 살음이 성공할 수 있다. 그러면, 오늘날의 시대 정신은 과연 어떠한 것인가?

1. 현대는 민주주의의 시대이다

한 나라가 민주주의적으로 발전하려면, 그 사회 구성분자인 국민대중의 지식 수준이 높아져야 한다. 80~90%의 글소경을 가진 나라는 도저히 민주주의스런 나라가 될 수 없다. 만약 있다면, 그것은 명목상의 민주 나라일 뿐이요, 그 실질에서는 민주주의가 행할 수 없다. 국민 대다수가 글자를 몰라서 작대기 선거를 하고는 민주정치는 이름뿐이요 실제가 아니다. 대중의 지식수준을 높이자면 무엇보다도 배우기 쉽고 쓰기도 쉬운 글자로써 교육을 받고 생활을 하도록 하지 않으면 안 된다.

한글은 참으로 모든 과학스런 원리를 갖추어 있을 뿐 아니라, 또 가장 쉬운 글이다. 영어의 A자가 9가지로 소리나고, E자가 11가지로 발음되는 것하고 비교한다면, '한 자 한 소리', '한 소리 한 자'로 된 한글은 참으로 쉬운 글, 좋은 글이다. 이렇듯 쉽고 훌륭한 글자를 가졌으니, 우리는 마땅히 시대의 요구인 대중의 지식 수준의 향상을 위하여, 이를 백 퍼센트로 활용하지 않으면 안 된다. 곧 한글만 쓰기는 민주주의 시대정신의 절대적 요구이다.

그뿐 아니라, 한글은 그 탄생에서부터 대중 교화의 사명을 띠고 난 글자이니, 이도 또한 전 세계 글자가운데 오직 하나인 특징이다. 인류의 글자는 그 초기에 있어, 그 사회의 소수의 치자계급이, 그 속에 사람들을 손아귀에 넣어 다스리는 방책을 담아 놓고, 제집 자손들의 교육에 이용하는 연모이었다. 그래서, 글자는 소수인의 전유물로서, 일반 민중의 참여를 허락하지 않던 것이었다. 이것이 대중의 갈라가짐이 된 것은 장구한 세월에, 일반 대중의 항쟁·분투의 결과로 획득한 것이다.

그런데, 유독 우리 한글, 아예 일반 민중의 지적 개발과 생활의 편익을 위하여 창제된 것이니, 이는 확실히 인류 문화사상 특기할 만한 큰 사건이라 하겠다. 세종 대왕은 훈민 정음 첫머리에서 한글 창제의 본의가 이러한 것임을 밝게 보이었음을, 오늘의 우리가 볼 수 있다. 참 갸륵하다. 세종대왕은, 500년 뒤의 과학 시대를 미리보고서, 이 겨레에게 한글이란 생활의 무기를 지어 주셨다! 우리는 이 고마운 은혜를 잊어서는 안 된다. 배은망덕은 사람으로서의 최대의 허물 이니라.

2. 현대는 과학의 시대이다

미국의 우주선 아폴로 8호가 작년(1968) 말에 달을 열 바퀴 돌고 예정대로 태평양으로 돌아왔고, 금년 7월에는 아폴로 11호가 달세계에 상륙하여, 세 우주인이 3분간 달나라를 산보하면서 여러 시험물을 주워서 돌아올 예정이라 하며; 소련은 금년 정초에 비너스 6호를 발사하였는데, 5월에는 금성에 도달하리라 한다. 오늘의 과학은 모든 신비를 헤치고 또 우주를 정복하려 하고 있다. 산 사람의 염통을 옮겨심으며, 생명 창조의 신비에까지 접근하려 한다. 이러한 과학 시대에 살면서 태곳적 생각 그대로 지니고서 그대로 살려는 것은 너무도 무감각한 인생이 아닐 수 없다. 이 과학의 시대에 인류 문명의 기초가 되는 글자—글자의 사용방법들을 옛 모양 그대로 하겠다는 것은 너무도 어리석은 일이다. 우리는 마땅히 쉬운 한글만을 씀으로써 과학의 발달을 꾀하지 않으면 안 된다. 과학의 대왕 세종 대왕은 우리 후손들에게 과학 시대에 살아 갈 수 있게 하기 위하여, 과학의 글자 한글을 지어서 길러준 것이다.[6]

겨레의 독립 자존의 정신을 기르기 위하여

최현배의 생애를 일곱 글자로 압축하면 '겨레의 독립 자존' 아닐까 싶다. 망국기의 한글지키기 운동이나 해방 후의 한글만 쓰기 운동의 본질은 겨레의 '독립 자존'에 있었다. 그래서 세상을 하직하는 날까지 이 과제를 부여안았다. 「겨레의 독립 자존의 정신을 기르기 위하여」라는 글의 한 구절이다.

현대는 겨레의 독립 자존의 시대이다.

검둥이 종이 해방된 것은 옛날 이야기이요, 또 세 개의 독립국밖에 없다는 것은 1945년까지의 일이요, 20세기 후반기 오늘날은 검은 대륙이 완전히 해방되어, 거기에 42개의 독립 나라가 생기었다. 세계에서 가장 뒤떨어졌던 검은 대륙의 사람들이 이렇듯 완전한 해방을 얻었으니, 다른 곳의 약소 겨레이야 더 말할 나위 없이 다 떨치고 일어서지 않을 리가 있나?

근세의 제국주의의 희생이 되어, 자유 없는 종의 신세에 허덕이던 세계 도처의 약소한 겨레가 각각 독립을 쟁취하였다. 그래서, 국제연합UN의 회원국은 125를 세게 되었다. 국제 연합에 가입하지 않은 나라까지 친다면, 아마도 140 나라가 될 것 같다.

우리 배달 겨레도 금번 세계대전의 끝남과 함께 해방되고 독립하였다. 인제 우리가 크게 깨닫고 깊이 반성하여, 겨레의 독립자존의 정신을 진작하고, 주체성을 확립하여, 나라를 영구부동의 반석 우에 굳건히 세우지 않으면 안 된다. 한글만 쓰기는 이 독립자존의 정신을 고취하는 가장 근본스럽고 또 가장 좋은 방도이다. 이를 교육에 실시하여 어린 마음과 젊은 가슴에 제 겨레의 문화를 존중하는 정신, 나아가서는 독창력을 발휘하여 제 문화를 개선진보시키려는 의욕을 기르는 것은 최대 최긴요의 사업이다.

또 한글만 쓰기를 국민생활의 각분야에 실시함으로써 국민에게 자존심, 독립심을 기르며, 이러한 무형 문화에 대한 자존자중의 마음은 물질 생활에도 미치어, 제 강산을 사랑하고, 제 나라의 소산물을 사랑하며, 제 겨레의 제품을 존중하게 되나니, 이리하여야만 가히 겨레 자존의 시대에 처할 만한 자격을 얻게 될 것이다. 내 글을, 내 정신 문화를, 내 물질 문화를 사랑하는 데에만 겨레의 의의와 겨레의 생존권이 있으며, 겨레의 자랑, 겨레의 영광이 있을 수 있는 것이다. 옛말에 "사람은 반드시 제 스스로를 업신여긴 연후에 남이 저를 업신여긴다"고 하였다.

나는 부르짖고자 한다: ―우리가 남에게 존경을 얻고자 하거든 반드시 먼저 제 스스로를 존경하여야 한다고.

이는 개인 생활에서나 겨레 생활에서나 나라 생활에서나 변하지 않은 진리임을 깨달아야 한다. 오늘 우리 사회의 식자 가운데는, 제 나라 과학스런 글자 한글을 천시하고 한자명함을 가지고 미국에 갔다가, 외국 지식인들로부터 제 글 멸시하는 태도에 대하여 울린 경종을 듣고서야, 처음으로 종래 '자기 멸시'의 제 스스로의 태도에 대하여 큰 깨달음을 얻었다는 고백을 하는 이를 여럿 보았다. 남에게 멸시당함이 물론 수치이다. 그러나, 제가 제 스스로에게 멸시당함은 그보다 더한 수치임을 깨쳐야 한다. 한글만 쓰기는 종래 한글은 언문으로 천시하고 한자는 진서로 존상하던 사대자비의 정신을 개혁 광정하기에 가장 근본수단이 되는 것임을 깨쳐야 한다.

우리는 세계 인류를 사랑하여야 한다. 그러나, 그보다 먼저 제 겨레, 제 동포를 사랑하지 않으면 안 된다. 우리는 인류 문화를 존중하여야 한다. 그러나 그보다 먼저 제 겨레 문화를 존중하지 않으면 안 된다.

한글은 배달 겨레의 장구한 역사 생활에서 창조된 최선의 문화, 최대의 보배인 동시에, 또 최량의 생활의 무기, 문화의 무기로서, 배달 겨레의 영구한 장래에 밝은 광명을 먼저 주는 것임을 깊이 깨쳐야 한다.[7]

겨레 중흥의 역사적 사명을 다하기 위함이다

최현배는 한글전용의 의미를 '겨레 중흥의 역사적 사명'으로 부여한다. 박정희가 1972년 유신쿠데타를 감행하면서 유신체제를 일컬어 "민족중흥의 역사적 사명…." 어쩌고 했지만, 최현배의 글을 '표절'한 냄새가 난다. 최현배는 순수한 '겨레 중흥의 역사적 사명'으로 한글전용화운동을 전개한 것이다.

이제 우리는 겨레 중흥의 역사적 사명을 가지고, 이 나라에 살음을 누리고 있다. 정신적 및 육체적 힘을 다하여 이 고귀한 사명을 이뤄내는 것만이 겨레된 삶의 최고의 포부이다. 이 훌륭한 포부를 실현하려면, 우리의 할 일은 다음과 같다:

1. 근대화를 해야 한다

서양 사회의 근대화는, 죽은 말인 라틴말의 절대적인 오랜 낡은 권위를 타파하고, 유럽의 각 겨레가 제각기 날마다 입으로 사용하는 제 겨레 말씨를 높여 쓰고, 널리 써서 학문·종교·정치·문학, 들에서 라틴말을 쓰지 않고, 제 말씨를 어엿이 쓰기 비롯한 데에서 출발하였다. 이는 세계문화사를 읽은 이는 누구나 한 가지로 다 아는 바이다.

동양인도 근대화를 하려면 또한 죽은 말인 한자·한문의 낡은 권위를 벗어버리고, 현재 제 겨레의 입으로 날마다 쓰고 있는 말과 제 말을 적기에 가장 편리한 글자를 숭상해 쓰지 않으면 안 된다.

이 일은 중국인에게나 일본인에게나 월남인에게나 내지 한국인에게나 무릇 오랜 세월에 한자 문화의 세력 아래에 있어 온 겨레에게는 다 마찬가지로 두루 들어맞는 진리이다. 제 겨레의 쉬운 말, 쉬운 글로써 학문과 종교와 정치와 예술과 모든 사회 생활을 평이하게 쉽게 원활하게 하는 것이 서양 근대화의 첫걸음이었다.

2. 겨레의 주체성을 확립하여야 한다

한글은 근 오백 년 동안이나 북방 외족들에게 몹시 시달린 끝에 고려가 없어지고, 새로 세운 한양 조선에 이르러, 겨레의식의 통일과 함께 지어진 글자이다. 그러므로, 겨레의식을 높이 들어, 겨레의 주체성을 확립하려면, 먼저 겨레의 자립 생활의 편익을 도모하기 위하여, 겨레의 창조적 슬기로 말미암아 순수

히 독창적으로 지어진 한글을 전용함(올씀)이 그 최선의 방도
이다.

3. 한글은 겨레 힘의 샘터이다

개인의 힘은 정신의 힘과 신체의 힘으로 가를 수 있는데, 육
체의 힘은 정신의 힘의 명령 아래에서만 그 정당한 발동을 할
수 있다. 정신 곧 얼은 말과 글로 나타나나니; 말과 글은 곧 얼
의 감각화한 것이다. 말은 얼을 나타내고, 글은 말을 나타낸다.
그러한즉, 얼·말·글은 셋이면서 하나이다. 배달 겨레의 얼이 가
는 곳에 말과 글이 가고, 말과 글이 가는 곳에 또한 얼이 간다.

한글은 배달 겨레의 창조적 능력으로 말미암아, 겨레를 위하
여, 겨레의 소용이 되고자 지어진 것이다. 거기에는 겨레얼이 들
어 있으며, 겨레의 힘이 들어 있다. 말과 글은 겨레 문화를 애짓
는(創造하는) 근본 수단이다. 다시 말하면, 한글은 모든 문화 활
동의 근본이니, 겨레의 힘은 다 여기서 솟아나는 샘터인 것이다.

나라는 힘Macht이다. 힘을 기르지 않고는 나라의 발전, 백성
의 행복을 누릴 수 없다. 힘을 기르지 않고는 남북 통일이며 겨
레 중흥은 다만 한 입으로 하는 공염불에 지나지 않을 것이다.
한글이 본래 배달 겨레의 얼스런(정신적) 힘에서 생겨난 것인 동
시에, 또 그것은 겨레얼의 힘을 기르는 본질을 가지고 있다. 한
글만 쓰기를 실시하는 것은 곧 겨레의 힘의 샘터를 마련하는
것이다. 지식의 발달도, 기술의 향상도, 예술의 진흥도, 산업의
발전도, 군사력의 강성함도 다 한글이란 샘터 없이는 기대할

수 없는 것이다. 한글은 진실로 나의 샘터이다. 쓰고 써도 다함이 없는 영구불식의 샘터이다.

한글만 쓰기는 겨레의 주체성을 확립시키며, 겨레 문화의 창조의욕을 북돋우며 겨레 문화의 독특한 따갈피地區를 이룩하여 그 찬란한 번영을 겨누며, 시대의 정신을 구현하게 하여, 민주주의의 진정한 발전, 과학과 기술의 진흥, 조국 근대화를 영구부동의 궤도우에 놓는 것이 되어, 겨레 중흥의 역사적 사명을 이룩할 수 있게 한다. 한글은 겨레의 생명이요 자랑이며, 나라의 힘이요 소망이다. 한글만 쓰기로써 이 땅에 희망과 번영을 가져오자.[8]

한글만 쓰기의 실천논리

일반적으로 지식인들은 실천성이 약한 편에 속한다. 학문과 교육이 직분의 모든 것인 것처럼 인식한다. 주자학이 낳은 폐습의 하나이다. 그러나 조선 후기부터 이 땅에서도 양명학이 학습되면서 유학자 중에서도 지행합일의 실천성이 중요시되었다. 의병에 나서기도 하고 독립투쟁에 몸을 던진 양명학자들도 적지 않았다.

최현배는 행동하는 지식인이었다. 한글 연구의 경우도 그랬다. 앞의 책의 셋째 가름은 '한글만 쓰기의 실천'이었다. 이론만으로는 돌멩이 하나도 움직이지 못한다. 최현배는 한글만 쓰자고 주장하는 한편 실천논리를 개발한다.

이 글은 운명하기 8일 전인 그러니까 1970년 3월 15일에 썼다. 사실상 지상에서 마지막으로 쓴 유고인 셈이다. 정부가 1970년 정초부터 공식 문서에 한글만 쓰기로 방침을 정함으로써 병상에서도 한껏 기운이 나서 이 글을 쓴 것이다.

(ㄱ) 실천의 세 가지 일

한글만 쓰기의 실천에는, 크게 세 가지의 일이 있다.

(一) 한글쓰기를 넓히기, (二) 말씨를 쉽게 다듬기, (三) 한글의 기계삼기를 서두르기이다. 이에 대한 풀이는 극히 간단히 하고자 한다.

(一) 한글쓰기를 넓히기

(1) 행정부의 문서, 민원서류 및 정부의 간행물 일체를 한글삼아야 함은 물론이요, 입법부·사법부의 일체의 문서도 다 한글삼아야 한다.

(2) 사람이름·따이름을 모두 한글삼아야 한다. 이를 뒷받침하기 위하여, 호적법을 고치어, 그 주소와 성명을 한글삼아야 한다.

(3) 개인의 명함·각집의 문패·장거리의 상점의 간판도 다 한글삼아야 한다.

(4) 학교의 문패·학적부·모든 문서·학생의 가슴에 차는 이름패를 다 한글삼아야 한다.

(5) 신문·잡지 따위도 다 한글삼아야 한다.

(6) 모든 글은 반드시 가로줄로 하여야 한다. 완전히 풀어서 가로줄로 함이 이상적이지마는, 아직은 모아쓰기로서 줄만이라도 가로로 해야 한다.

(7) 정확한 맞춤법으로 할 것은 물론이지마는, 띄어쓰기·월점 치기를 엄밀히 해야 한다. 근래 내리줄의 신문에서 띄어 쓰기를 하지 않기 때문에, 보기에 거북하기 그지없다.

(8) 자체를 가로글에 적합하도록 개량해야 한다.

(9) 자체의 다양화를 이룩해야 한다. 활자의 대소·고딕채만으로는 부족하니, 마땅히 여러 모양의 자체가 나타나야 한다. 그리해야만, 한 장의 신문지에서도 한 눈에 그 요점을 잡을 수 있게 된다.[9]

쉬운 말씨 쓰기와 부작용 반박

최현배의 생애는 항상 강대한 상대와의 투쟁이었다. 일제강점기는 그렇다 치더라도 해방 후에는 정치권력뿐만 아니라 친일에 뿌리를 둔 학계·언론계와도 부단히 맞서야 했다. 한글전용을 반대하면서 억지를 쓰는 세력을 향해 그는 고된 필봉을 멈추지 않았다.

(二) 쉬운 말씨를 쓰도록 하기

(1) 한자가 원시 어려운 것인 데다가, 한자말은 더 어려운 것이며, 또 옛날에는, 한자말 가운데에서도 더 어려운 말을 쓰는 것으로서, 자기의 유식함을 자랑하려는 봉건적 심리를 가졌었다. 오늘 민주주의 시대에서는, 그와는 정반대로, 어렵고 까탈스런 이론도 될 수 있는 대로 쉬운 말로 표현하려 한다. 그래서, "어려운 한자말"을 쉬운 우리말로 바꾸어 쓰기를 힘쓰지 않으면 안 된다.

(2) 어떤 경우에는, 옛말을 살려쓰기도 하는 일이 필요한 일일 수도 있겠다.

(3) 초등·중등 학교의 각 학과목의 술어 및 일반 용어도 쉬운 우리말로 바꾸는 것이 필요하다.

(4) 교육에서뿐 아니라, 각종 산업 부분에서도, 무식 대중이 알아듣기 쉬운 말을 쓰도록 하여야 한다.

보기: 수산업, 각종 농업, 축산업, 건축업, 질구이업 (요업), 토목업, 인쇄업, 직조업, 상업, 은행업 등등의 용어는 그 각 부분의 연합회·협회·조합 같은 데에서, 공동 책임을 가지고 새로운 쉬운말을 만들어내어야 한다.—이런 일은 자발적으로 이뤄지기를 기다릴 것이 아니라, 상공부·농림부·교통부…에서 그 소속단체들(보기하면 인쇄업자 조합)에 지시하여—, 책임적으로 그 부분의 용어를 제정하도록 하여야 한다.

(5) 순한문의 고전·국한문 섞쓰기混用의 고전은 평이한 현대말로 뒤치어 한글만으로 적어야 한다.

(ㄴ) 한글만 쓰기에 과연 무슨 부작용이 있나?

시내 어느 신문은, 한자를 안 쓰면, 교육도 안 되고, 한자를 모르면, 사람이 무식해 져서 못쓴다는 까닭으로, 한글만 쓰기를 근본적으로 반대하여 오다가, 급기야 한글만 쓰기가 정부로부터 실시함을 보자, 그 부작용의 많음을 지적하고자, 그 지방 취재망을 통하여, 경남·경북·전남·전북·충북·강원의 15군데의 소식을 캐어, '한글 부작용'이란 제목 아래서 장황하게 70년 1월 27일 날짜로 보도하였다. 그리고, 그 다음날 이 보도를 되씹어, 사설을 내고, 한글전용의 재검토를 바란다고 하였다.

한국인 가운데 유식하다는 사람들은 영어 낱말의 맞춤을 하나만 잘못 쓰는 것은 수치로 여길 줄 알면서, 제 나라의 글적기에서는 틀리는 것을 예사로 할 뿐 아니라, 그것의 바르고 바르잖음을 따지는 것을 몹시 부당한 성가신 일로 여기는 태도를 하고 지난다. 신사가 옷의 단추 하나만 잘못 해도 큰 실수로 여기지마는, 길가의 주정꾼같은 이는 옷을 아무렇게 입었든지 문제삼지 아니한다.

한국인으로서 제 나라의 글적기가 아무렇게 되어도 상관없다고 생각하는 것은 분명코 제 스스로를 무가치한 것으로 치는 때문이었다.

한글만 쓰기는 큰 과오 없이 잘 되어 나가고 있다. 이를 먼저 든 각지에서의 소식 가운데, "김천 지역 50여 개 각급 기관에 한글전용에 따른 별다른 혼란을 보이지 않고 있다" 함과 같은 보도가 있으며, 또 한 걸음 더 나아가아 본다면, '부작용', '혼란'을 긁어 모아도 이 정도이니, 그 나머지는 다 무난히 잘되어 가고 있음이 확실하다 하겠다.

대법원에서는 수년 전부터 재판 관계 문서를 순 한글 가로줄로 하고 있으되 큰 착오 없음을 이때에 아울러 생각해야만 한다.[10]

이승녕과 품사용어 학술논쟁

최현배는 1965년 초 한자혼용론의 주자격인 이승녕 교수와 치열한 학술논쟁을 벌였다. 발단은 품사 용어를 순수한 우리말로 할 것인지, 한자어 용어를 쓸 것인지를 둘러싸고 전개한 논쟁이었다. 최현배가 『새교육』(1965년 1월호)에 「학교말본 통일문제를 다룸」이란 시론을 발표했다. 이 글에서 "36년간이나 망국의 쓰라린 경험을 겪고서 광복의 영광을 누린 겨레의 조국 대한민국은 마땅히 친하고 쉬운 우리말 우리글로서 모든 생활을 일삼으며 장래 민주주의적 번영을 벼르지 않으면 안 된다"고 주장하였다.

최현배는 이어서 "말본문제의 처리는 다만 한 학과목의 처리에 그치는 것이 아니요. 그것이 곧 국어교육의 근본문제이며, 또 국민의 창의적 활동의 포폄의 문제이며, 겨레의 자존심 성장

쇠퇴의 문제이며, 나아가서는 나라의 흥망성쇠를 결정하는 국민정신의 문제임을 깊이 깨쳐야 한다."고 역설하였다.

최현배의 글이 발표된 지 한 달 후 같은 지면(『새교육』, 1965년 2월호)에 이숭녕 교수의 반박문이 실렸다. 「허위조작의 일방적인 은폐-최현배 씨의 문법시비를 비판함」이란 제목이었다.

최현배씨는 '이름씨 안옹근이름씨 갈말 바탈그림씨 월갈'이어야 민족정신이 앙양되고 민족문화가 발전한다고 '애국심'에 호소하려고 한다. 이런 이론은 낡고 케케묵은 쇼비니즘의 속임수며, 20세기 후반기에 한국에서만 보는 18세기 이론이다. '날틀'식 복고주의의 고어풀이 같은 조작으로 어떻게 국민이 애국심을 자극받을 것인지, 그 속에 시대적 '감동가치'가 느껴질 수 있는지? 최씨의 이론은 언어학의 빈곤에서 조작된 것이다.

이 논쟁은 각급 학교와 국회, 학술단체, 문단으로 확대됐다. 마침내 1966년 말 문교부장관이 국회문공위에서 품사에 대한 용어는 한글과 한자의 병용을 허락한다고 물러서면서 결국 논쟁은 원점으로 되돌아간 셈이 되었다.[11]

13장

서거와 회고
그리고 평가

'5·16민족상' 수상은 생애의 오점

최현배는 노후에도 사회 여러 분야에서 쉼 없이 활동하였다. 그만큼 부르는 곳이 있었고 '쓰임새'가 많았기 때문일 것이다. 중요한 것만 골라보면, 광복회 추모회위원, 이충무공기념사업회 중앙이사, 서울대학교 박사학위 심사위원, 대한상공회의소 한글 타자학원 기술검정시험위원, 서울중앙기독교청년회관 재건위원회 위원, 구황실재산 사무총국 인사 심의위원, 서울중앙기독교 청년회관 재건위원회위원, 구황실재산 사무총국 인사 심의위원, 3·1독립선언 및 유엔군 참전 기념비 건립위원, 서울특별시 문화위원 등이다.

각종 표창장과 훈장도 받았다. 제1회 학술원 공로상, 연세대학교 표창장, 문교부장관 표창장, 건국공로훈장(1962), 국가재건최고회의 의장 공로 표창장(1962), 제2회 5·16민족상 학예부분 본상 수상 등이다.

최현배의 올곧은 생애 가운데 박정희가 의장인 '국가재건최고회의 의장 공로 표창장'과 5·16군사쿠데타 세력이 제정한

'5·16민족상'을 수상한 것은 오점이 아닐까 싶다. 쿠데타 세력은 자신들의 거사에 명분을 부여하고자 사회 저명인사들에게 상을 주는 등 정치적 책략이 끼어 있었겠지만, 받는 사람의 입장에서는 심사숙고해야 옳다.

군사쿠데타를 일으켜 민주헌정을 짓밟은 날인 5·16이라는 고유명사에 민족이란 보통명사를 조합하여 제정한 '5·16민족상'은 민주주의 원칙에 걸맞지 않는 상이었다. 최현배가 수상한 뒤의 일이지만 전두환·김은호·이병도·서정주 등이 수상자가 되었다.

한국 사회에는 해방 70년이 지난 지금까지도 친일파들을 기리는 각종 문화상과 문학상 등이 거액의 상금을 미끼로 살림이 어려운 문인들을 현혹한다. 5·16민족상도 성격은 다르지만 최현배와 같은 지절 있는 분이 받아서는 안 되는 상이었다. 최현배는 부상으로 받은 상금 2,000만 원 전액을 한글학회의 운영자금으로 기탁했다.

최현배는 1962년 1월 14일 국가재건최고회의에 「한글전용에 관한 건의서」를 냈는데, 최고회의가 2월 5일에 한글전용 특별 심의회를 문교부에 두게 하고, 4월 7일에는 그 규정이 공포되었다. 그에 따라 문교부 장관이 위원장, 한글학회 이사장이던 최현배가 부위원장으로 선임되고 일반용어, 언어문학, 법률제도, 경제금융, 예술, 과학 기술 등 8개분과 위원회를 조직하였다.

이 심의회는 한글전용 원칙을 결정하고, 일본말을 포함한 어려운 한자어와 외래어를 쉬운 우리말로 고치는 일을 시작하되,

한글학회로 하여금 그 조사 업무를 대행토록 하였다.[1]

이와 같은 연유에서 5·16주체 세력은 최현배에게 5·16민족 상을 주게 되었을 것이다. 최현배는 민족적 차원에서 한글전용을 건의하고, 여러 과제들을 실행했는데, 군부 측은 '자기들에 동조'하는 지식인쯤으로 인식했던 것 같다. 어쨌든 외솔에게는 오점이었다.

77살로 서거, 국민훈장무궁화장 추서

최현배는 1970년 3월 23일 새벽 3시 35분, 입원 중이던 서울 세브란스 병원에서 77살로 생을 접었다. 평생을 우리말과 글을 연구하고 지켜온 보람찬 생애였다. 평생 몸담아 온 연세대학 교정에서 사회장이 엄수되어 3월 27일 경기도 양주군 진접면 장현리 묘소에 안장되었다. 유택은 평소의 바람대로 주시경 스승이 잠든 곁이었고, 며칠 후인 4월 13일 부인 이장련 여사가 사망하여 부군 곁에 묻혔다. (그후 주시경 선생의 유해는 국립서울현충원으로 최현배 선생과 이장련 여사의 유해는 국립대전현충원으로 이장)

장례식에서 조선어학회 사건 이래 평생의 동지인 노산 이은상이 「마지막 드리는 노래- 외솔 최현배 님 영 앞에」를 낭송하였다.

고난도 파란도 많은

이 땅에 오셔 칠십 칠년
얼, 말, 글 겨레의 성벽
한 몸으로 지키시더니
붓 놓고 입 다무시고
어디로 멀리 가시옵니까.

바람찬 거친 들에
뚜벅뚜벅 걸어간 자취
바람은 가고 없어도
발자욱만은 뚜렷하구려
이 길로 가야 한다고
일러 주신 노정표외다.

나라 잃은 그 시절에도
조국의 말과 글과 같이 살았고
원수의 발에 짓밟혔어도
불사조처럼 되살아났소
그 이름 겨레의 역사 위에.

금 글자로 새기오리다.
총칼이, 물불이
못 굽히던 임의 지조
애 타시던 그 고생 대신

258

영광을 받으옵소서
관 위에 태극기 덮고
꽃이랑 얹어 보내옵니다.

해마다 솔씨 떨어져
자라난 다복솔 보소
생전에 외솔일러니
인제는 외롭지 않소
새 솔밭 돌아다보며
웃고 가시옵소서.[2]

최현배의 생애는 우리나라 근현대사의 한 단면이고 한 축이었다. 국치 이후 해외 망명지사들의 독립운동이 힘겨웠지만, 국내에 남아 겨레의 말과 글을 지키기 위한 투쟁도 못지않았다. 하지만 외솔의 '독립운동'은 해방 후에도 끝난 것이 아니었고, 독재권력과 부일세력으로부터 우리 말·글을 지키고 발전시키기에 혼신의 노력을 아끼지 않으면 안 되었다.

정부에서는 1970년 3월 27일 국민훈장 무궁화장을 추서하여 고인의 업적을 평가하고, 동지·후학들은 선생의 업적을 기리고 본받기 위하여 재단법인 외솔회를 조직하여, 해마다 선생의 뜻을 받아 나라사랑에 투철하고 학술과 실천에 뛰어난 업적을 낸 이에게 '외솔상'을 수여한다. 지금까지도 이어진다.

후학들 각종 추모사업

외솔 선생 작고 1년 뒤인 1971년 7월 23일 동지·후학들이 서울 장충단공원에 〈외솔 최현배 선생 기념비〉를 세웠다. 기념비 전면에는 「외솔찬가」가 새겨지고 뒷면에는 외솔의 작품 「임 생각」이 음각되어 있다.

외솔찬가
인생의 한평생을 의로 살기 어려왜라
조국의 말글 위해 충성 바친 거룩한 뜻
장하다 외솔의 남긴 공적 길이 빛나리.

부귀도 영화도 저바리신 일생이매
겨레의 복된 길과 문화의 밝은 빛만
누리에 펴내고자 칠칠 성상 애쓰셨네.

세종님의 등불 들고 어둔 강산 밝히옵고
가갸 한글 깃발 들고 애국의 길 앞장 섰네
영광의 외솔의 얼 만대에 전하오리.

외솔의 고향인 울산광역시 울산시립 도서관 앞 광장에는 1990년 6월 1일 울산 한국방송공사KBS 주관 아래 극단 '부활'이 「외솔 최현배」의 공연 수익금 등으로 〈외솔 얼굴상(동상)〉

을 세우고, 모교인 울산 병영초등학교에도 1996년 10월 30일 동상을 세워 스승의 위업을 기렸다.

외솔회는 1971년 1월 『나라사랑』이라는 기관지 창간호를 내고 "외솔 최현배 박사 특집호"를 꾸몄다. 334쪽에 이르는 특집호는 1, 외솔의 3대 저작 고찰. 2, 조선어 학회사건 유지/ 전기/ 추모. 3, 외솔을 잃은 겨레의 슬픔. 4, 외솔 영결식 조문집 등이 실렸다.

외솔회 이름으로 실린 창간사 「'나라사랑'을 내면서」에는 다음의 내용도 담겼다. 『나라사랑』은 지금도 계속하여 한 해에 두 차례 씩 꾸준히 간행되고 있다.

작년에 별세하신 외솔 선생께서는, 육신은 비록 그 '영원한 인간의 규칙과 질서' 속에 드셨지만, 오히려 그분은 이 나라, 이 겨레의 역사 속에 영생·불멸하고 계시다. 이것은 그분의 전 생애가 한 개인의 이름으로서가 아니라 오로지 나라와 겨레의 이름으로써 위대한 투쟁과 고난의 삶으로 펼쳐졌던 까닭이다.

이제 외솔 선생의 일주기를 앞두고, 삼가 고인을 추모하며, 그분의 겨레스런 큰 유업과 남기신 뜻을 기리어 길이 이 나라에 심고자 『나라사랑』 창간호를 낸다.

우리의 말과 글에 담긴 겨레의 힘이 오늘날 우리를 세계속에서 독립·자존의 '한국인'으로서 민족 주체의 바탕을 이루었다고 한다면, 외솔 선생은 한평생을 통해서 그 '겨레의 힘'을 기르고, 고루고, 갈아, 새 힘을 불어넣기에 애쓰셨던 것이다.[3]

'최현배의 빛나는 노력' 한글학회

최현배와 고락을 같이해온 한글학회는 1971년 12월 설립 50주년을 맞아『한글학회 50년사』를 발간하였다. 최현배를 비롯한 동지들의 피맺힌 수난사와 그토록 혹독했던 시련 속에서도 우리말·글을 지켜온 한글학회의 성과가 고스란히 담겼다. 「최현배의 빛나는 노력」이라는 별도의 기사도 실렸다.

일정 때나 광복 직후나 외솔 최현배의 우리말 살리기에 관해서는 특기할 일이 많거니와, 우리말 도로 찾기에도 공이 많다.

우리말 도로 찾기 공로 중 특기할 일은 미 군정청 문교부 편수국장 때의 우리말 도로 찾기 제정을 지휘하면서 몸소 붓을 든 일과, 6·25사변으로 정부가 1·4후퇴하여 부산으로 피난 갔을 적에도 편수국장으로 다시 들어가, 한글학회 이사장을 겸하면서도, 전시 독본을 내는 한편, 밤에는 '우리말 존중의 근본 뜻'을 집필한 일이니, 다음에 그『우리말 존중의 근본 뜻』과 교과서 편수 행정에서 그의 업적을 살펴 본다.

『우리말 존중의 근본 뜻』의 집필은 1951년 3월 1일에 시작하여, 그 해 5월 5일에 마치는 동안, 펜촉 한 개만으로서 머리말까지를 탈고한 것인데, 그 책의 됨됨이는 장으로는 "사람과 말, 겨레와 겨렛말, 말과 창조 생활, 국어 운동의 다섯 가지 목표, 우리말을 깨끗이 하자" 등으로 나눠졌다. 넷째 장까지는 모두 각각 5개 절로 되었는데, 다섯째 장은 1947년 1월에 잡지

『신천지』(?)에 발표되었던 것을 덧붙였으며, 맨 끝에다가〔보탬〕으로 '우리말 도로 찾기'를 보탰다.

이 책의 '우리말 도로 찾기'의 본격적인 곳은 넷째 장인 "국어 운동의 다섯 가지 목표"의 첫째 절 '깨끗하게 하기'와 다섯째 장이다. 그 중에서도 4장 1절 3목의 '일어를 버리기'를 보기로 뽑아 간동그리면 다음과 같다.

첫째 일본말을 버리자.

일상 생활에서, 각종 글월에서, 더구나 공문서에서, 각종 학문과 교육에서, 모든 사물의 이름에서, 일본 냄새나는 이름을 버리자. 그것을 못 버림은 종됨(노예성)이 남아 있는 탓인데, 우리말 생활에 외국말을 섞지 말고, 대종(표준)이 안 되는 말과 글을 쓰지 말자.

둘째 한자말을 내어 버리어야 한다.

한자말은 우리말을 비뚤어지게 하고, 멍들게 하고, 마침내는 고유한 우리말을 내몰고 있다. 그러자면, 우선 일본식 한자말부터 없애고, 그 다음은 계급적 요소, 봉건적 찌꺼기를 지닌 한자말을 없애고,

셋째는 쉬운 우리말이 있는 한자말은 쓰지 말고,

넷째는 입말로는 잘 안 쓰이고 글말로만 쓰는 한자말을 없애고

다섯째는 밑바탕은 우리말인데 한자로 맞대는 망녕스런 탈을 벗겨버려야 한다. 그리하여, 일본말은 물론, 중국말이나 한자말의 종됨에서 풀려나야 한다.

여섯째는 한자를 안 써야 우리 겨레의 문화는 발전한다.

한자는 우리 문화 발전의 장애이고, 우리의 생존과 발전에 큰 해독이 되어 있다. 그리하여, '보탬(보충)'으로 미 군정청 문교부가 냈던 '우리말 도로찾기'를 그대로 싣고, 87낱말을 새로 꾸며서 보탰다.

최현배는 초·중·고등 각급 학교의 교과서 편수 행정에 종사하면서도, 밤에는 『우리말 존중의 근본 뜻』을 집필한 것에서 밝은 이론 체계를 보이어 준 바와 같이, 일본말을 우리말로, 한자말을 우리말로, 한자를 한글로 많이 고쳤는데, 특히 수학, 생물, 농업, 음악, 체육 등 용어를 우리말로 많이 고쳐서, 교과서에다 적용시켰다.(이에 대한 자세한 내용은 용어 제정 편 참조)

이 밖에 '한글전용 특별 심의회'를 통한 활동 등 최현배의 노력은 특기할 만하다.[4]

동지·후학들의 회고와 평가

최현배가 외로운 한그루 소나무처럼 외곬의 삶을 사는 동안에도 그의 곁에는 뜻을 함께하는 벗들과 동학·제자들이 많았다. 일석一石 이희승과는 각별하고 우정이 남달랐다. 한글학회 사건으로 함께 옥고를 치루기도 했던 터여서 더욱 그러했을 것이다.

외솔 형과 나는 이와 같이 청년 시기로부터 고희를 넘은 노년에 이르기까지, 뜻을 같이 하고 길을 함께 하여, 산전수전을 다 겪으면서 파란중첩한 인생의 역정을 손을 맞잡고 걸어왔던 것이다. 그리하여, 우리 두 사람 사이에는 피차간 미운 정 고운 정이 들대로 들었던 것이다.

다만 사물을 보는 견해의 차가 있었고, 학문에 대한 이론의 같지 않은 바가 있어서, 구각口角에 거품을 튀기며 논전을 교환한 일도 한두 번이 아니었다. 그럴 적마다 신문이나 잡지에서는 우리 두 사람의 사진까지 대립시켜가며, 피차간 적대시나 하는 것처럼 과장보도하였기 때문에, 모르는 사람들은 우리의 우정에 대하여 의심을 품는 사람도 적지 않았던 것이다.

그 한 가지 예로는, 불교용어 제정 위원회라는 것이 있어서, 그 제일차의 회합을 해인사 경내에서 열은 일이 있었다. 때는 여름 복중이라, 상오 일찍과 하오 늦으막이 하루 두 번씩 회의를 가졌으며, 한낮에는 쉬기로 하는 것이 일과였다. 이러한 쉬는 시간이면 반드시 외솔 형과 나는 동반하여 냇가로 가서 목욕을 함께 하고, 고적古蹟을 함께 찾고, 이렇듯이 둘이 항상 붙어 다니었다.[5]

1957년 2월 이희승의 환갑을 맞아 '일석이희승선생 환갑기념사업위원회'가 구성되고 환갑논총이 이듬해 발간되었다. 당대의 석학 30명이 각기 전공분야의 논문을 쓰고, 최현배에게 「머리말」을 맡겼다. 학자들의 환갑기념 논총의 머리말은 특별한 지기知己가 차지하는 경우가 많다.

님이 나와 함께 우리말, 우리글의 연구 및 정리의 사업에 손잡고 동행한 지 이제 삼십 년에 이른 것은 그 인연의 깊음도 있겠거니와, 한가지로 우리의 말글을 통한 겨레에 대한 사랑의 정이 깊음에 그 까닭이 있는 것이요, 이 길의 모든 문제에 대한 소견이 서로 똑같음에 있음은 아니었다.

우리 말에 관한 학적 견해 및 형식적 정리에 있어서는 항상 의견을 달리한 바 적지 않아, 그 때문에 토론 석상에서 얼굴을 붉히고서 서로 열변을 토한 일이 한두번이 아니었다.

우리가 만약 사사 이익을 위하여 이렇게 다투었다면, 우리둘이—아니, 우리 한글학회 회원들 서로가 모두 사원의 빙탄이 된 지 이미 오래였을 것이다.

그러나, 오늘에 열화같이 다투고서, 그 이튿날이면 여전한 우의로써, 또 같은 문제의 토의를 비롯하여, 드디어 그 문제 전체의 토의를 끝맺었으며, 그 결정된 바가 누구의 의견이 통과되었나를 다시는 묻지 않고, 서로 더불어 회합하여, 이를 지키고 이를 두호하여 왔으니, 이는 오로지 우리의 뜻이 한가지로 겨레의 사랑, 문화의 사랑에 있고, 조금도 제 개인의 명리에 있지 아니한 때문이었다.[6]

제자이자 동반이기도 하는 김선기 교수의 외솔에 관한 회고담이다.

또 하나 생각하는 일이 있다. 외솔께서는 성품이 곧고 굳은 까닭에 이따금 남과 의견의 충돌이 계셨다. 한 치의 양보의 기색이 없으셨다. 그럴 때마다 중간에 서서 외솔께 말씀드려 화해하시도록 풀어 드린 것이 내가 하는 노릇이었다. 또 외솔 스승도 내가 총회에 나가든지 아니 나가든지 늘 이사로 뽑아 놓으셨고, 또 최종에 「한글맞춤법 재검토안」이 정부에서 나왔을 적에도 늘 내가 권고하여 드린 대로 하셨다. 한 말로 말하면 나는 외솔 스승의 뜻을 받들었고, 외솔 스승과는 뜻이 늘 하나였다.

외솔 스승이 『한글 큰 사전』을 완성하신 것은, 주나라 주공이 『이아爾雅』를 지었던 것과 잉글랜드의 존슨Johnson 박사가 맨 처음 『영어사전』을 만들어 낸 것과, 일본의 오오쓰키大槻文彦의 언해를 낸 일보다 더 오래오래 역사에 빛날 것이다.[7]

제자이면서 최현배에 이어 한글학회 이사장을 역임한 허웅 교수의 관찰이다.

사람에 따라서는 학문의 이론에만 치중하고 그 실용적 방면은 극히 소홀히 하는 일도 있고, 또는 그 반대로 실천적 면으로만 열중한 나머지 학리적 방면의 연구는 소홀히 하는 일도 있다. 그러나 학문하는 사람으로서는 두 방면을 다 같이 소중히 여겨야 할 것임은 물론인데, 선생은 이 양면을 겸유한, 드물게 볼 수 있는 석학이시다.

그 학문의 깊이와 넓이에 대해서는 우리는 이미 앞에서 그 대강을 간추려 말했거니와, 그 민족의 언어 생활과 글자생활의 근대화를 위한 관심과 분투는 보는 사람의 눈시울을 뜨겁게 하며, 저절로 머리를 숙이게 한다.

선생은 고희를 넘은 오늘날에 이르기까지 한결같이 학문 연구를 계속하시며, 그 실천적 방면에 있어서도 아직까지 정력적으로 젊은 사람을 이끌어 나가고 있다.

선생은 민족 언어의 탁월한 연구가인 동시에, 뜨거운 정열로 그것을 수호하여 왔으며, 정성을 다하여 그것을 연마·발전시켜 나가고 있다.[8]

외솔의 학문과 사상을 섭렵하여, 『외솔 최현배 학문과 사상』을 쓴 김석득 교수의 상찬이다.

냉철한 이성과, 예리한 판단력과, 불굴의 의지로, 참을 사랑하고 나라를 건지는 데에 애오라지 한삶을 온전히 바친 외솔, 사상으로는 위대한 겨레의 선각자요, 학문으로는 세상에 밝은 지혜를 열어준 국어학의 석학 외솔, 민족 교육학자인 외솔, 그리고 나라사랑의 은인이며 한글의 큰 별인 외솔은 이제 가고 없다.

그러나 외솔의 얼과 업적들은 모든 시간과 공간에 영원한 생명을 지닌다. 그 영원한 생명이란 구체적으로 무엇을 뜻하는가? 그것은, 새 천년 21세기에도 또한 그 뒷시대에도 이어지는 미래 지향적 의미를 뜻한다. 왜냐하면, 외솔의 말본론은 언어 철학과 과학적 언어이론의 해석에 계속 도움을 줄 것이기 때문이요, 음운·글자론은 정보론 및 인지과학에 계속 기반을 이루어줄 것이기 때문이다.

또한 외솔의 교육철학은 21세기 우리 교육의 이상일 수 있고, '나라사랑'과 '한글사랑'의 근원적 사상은 언제나 우리 겨레에게 요구되는 절실한 것이기 때문이며, 국어정책의 철학은 남북 언어의 동질성 회복 문제와, 더 나아가서 세계화 전략에 끝없이 그 의미를 부여하기 때문이다.[9]

외솔의 혼과 얼 국민의 마음속에

해마다 한글날이면 외솔이 작사하고 박대헌이 작곡한 「한글날 노래」가 불린다. 이런 의미에서 외솔 선생의 혼과 얼은 지금도 국민의 마음속에 살아 움직인다.

강산도 빼어났다 배달의 나라
긴 역사 오랜 전통 지녀온 겨레
거룩한 세종대왕 한글 펴시니
새 세상 밝혀 주는 해가 돋았네
한글은 우리 자랑 문화의 터전
이 글로 이 나라의 힘을 기르자

볼수록 아름다운 스물넉 자는

그 속에 모든 이치 갖추어 있고
누구나 쉬 배우며 쓰기 편하니
세계의 글자 중에 으뜸이도다
한글은 우리 자랑 민주의 근본
이 글로 이 나라의 힘을 기르자

한겨레 한맘으로 한데 뭉치혀[여]
힘차게 일어나는 건설의 일군
바른길 환한 길로 달려 나가자
희망이 앞에 있다 한글 나라에
한글은 우리 자랑 생활의 무기
이 글로 이 나라의 힘을 기르자.

역시 외솔이 작사하고 나운영이 작곡한 「나라사랑」의 노래도
학생들이 즐겨 부른다.

아세아 밝은 동쪽 살기 좋은 땅
한배님 나라 세워 끼쳐주시니
배달의 겨레 살림 반석이 굳다

백두산 높은 영봉 반공에 솟고
고구려 굳센 얼이 혈관에 뛰니
생기가 넘쳐 난다 삼천만 겨레

바치자 무한 사랑 한배 나라에

이루자 밝은 누리 겨레의 이상

태백은 인간 복락 근원이란다

최현배 선생이 세상에 남긴 책

또한 외솔은 오늘날 우리에게도 가르침을 주는 많은 저서를 세상에 남겼다. 여기서는 외솔 최현배가 지은 혹은 도움을 준 책을 소개한다.

저서

베스달로찌이의 교육학설(일문 미간)

조선 민족 갱생의 도, 1926, 동광당(1930)

우리말본(첫째 매), 연희전문 출판부(1929)

중등 조선 말본, 동광당(1934)

중등 교육 조선어법, 동광당(1936)

시골말 캐기 잡책, 조선어 학회(1936)

우리말본(온책), 연희전문 출판부(1937)/정음사(깁고 고침 1955, 세 번째 고침 1961, 마지막 고침 1971)

한글의 바른 길, 조선어 학회(1937)

한글갈, 정음사(1942)

한글 약사, 재 일본조선인연맹 중앙총본부 문화부 발행, 프

린트본(1946.7.13)

글자의 혁명, 문교부 군정청(1947)/정음사(1955, 1956)/정음
문화사(1983)

중등말본(초급), 정음사(1948)

참된 해방(배달 겨레의 제풀어 놓기)(원고)(1950)

우리말 존중의 근본 뜻, 정음사(1951.4)(초판 머리말 쓴 때)

민주주의와 국민도덕, 정음사(1953)

한글의 투쟁, 정음사(1954)

고등말본, 정음사(1956)

중등말본,(Ⅰ, Ⅱ, Ⅲ), 정음사(1956)

나라사랑의 길, 정음사(1958)

한글 바로적기 공부, 정음사(1961)

고친 한글갈, 정음사(1961)

나라 건지는 교육, 정음사(1963)

한글 가로글씨 독본, 정음사(1963)

배달말과 한글의 승리, 정음사(1966)

외솔 고희 기념논문집, 정음사(1968)

한글만 쓰기의 주장(유고), 정음사(1970)[10]

최현배 선생의 지도 또는 공동편찬

한글 맞춤법 통일안 1933(조선어학회)

조선어 표준말 모음 1936(조선어학회)

외래어 표기법 1940(조선어학회)

해방 직후 초등학교 각과 교과서 1948(문교부)

우리말 도로 찾기 1948(문교부)

들온말 적는 법(시안) 1952(문교부)

6·25후 국민학교 각과 교과서 1954(문교부)

우리말에 쓰인 글자(한글,한자)의 잦기 조사 1955(문교부)

우리말의 말수 사용의 잦기 조사 1956(문교부)

큰사전 1957(한글학회)

중사전 1958(한글학회)

소사전 1960(한글학회)

새한글사전 1964(한글학회)

예절 기준 1964(문교부)

한국 지명 총람 1966(한글학회)[11]

저자의 덧붙이는 말

세종대왕이 한글을 창제한 이래 우리글은 여러 차례 심각한 도전에 시달렸다. 최만리 일파의 배척 상소를 시작으로 조선의 사대부들로부터 '언문'이라 배척되었다.

언문이란 '속된 글자'라는 뜻으로, 중국의 문자인 한자를 숭상하는 데서 나타난 현상이었다.

우리나라는 땅이 중국과 가깝고 음성도 대략 중국과 같다. 그러니 온 나라 사람이 본래 말(한국어)을 깡그리 버린다 해도 안 될 것이 없다. 그렇게 한 뒤라야 오랑캐라는 한 글자夷로 불리는 수치를 면할 수 있고, 수천리 우리나라 땅이 절로 주周·한漢·당唐·송宋의 풍기를 갖게 될 것이다.

고명한 실학자로 널리 알려진 박제가(1750~1805)가 『북학의 北學議』에서 편 주장이다. 조선시대 최대 저술가로 꼽히는 정약용도 그 많은 책 중에 한글로 쓴 것은 한 편도 없다. 이에 비해 그보다 훨씬 앞선 인물인 허균이 한글소설 『홍길동전』을 쓴 것은 보통 선각적인 일이 아닐 수 없다.

서재필이 1896년 4월 7일 창간한 『독립신문』은 창간사에서 "온 백성이 함께 읽고 다 보게 함이라"면서 한글 신문을 만들고, 주시경은 이 신문에 실린 논설(제2권 제47호)에서 "한자에는 무슨 조화가 붙은 줄로만 여기니 진실로 애석한 일이도다."라고 개탄하였다.

그는 또 나라가 망하기 직전인 1910년 6월 10일 나온 보성중학 친목회보에서 "우리나라의 뜻있는 이들이여, 우리나라 말과 글을 다스리어 주시기를 바라고, 어리석은 말을 이 아래 적어 큰 바다에 한 방울이나마 보탬이 될까 하나이다."라고 읍소하였다.

최현배는 1947년 『글자의 혁명』 머리말에서 "현대는 민중의 시대이오, 한글은 민중의 글자이다."라고, 미군정기에 우리글을 지키고자 선언하고, 민중의 시대를 예견하면서 '한글이 곧 민중의 글자'임을 천명하였다.

이와 같은 선각자들의 노력으로 한글은 유지되고 유네스코는 1990년부터 해마다 문맹퇴치에 공이 많은 개인이나 단체에 '세종대왕상'을 주고, 1997년에는 『훈민정음(해례본)』이 세계문화유산으로 등재되기에 이르렀다. 한글은 창제원리의 과학성·합리성과 독창성으로 세계 언어학자들이 '꿈의 알파벳'으로 칭

송한다. 독일의 언어학자 베르너 사세는 "서양이 20세기에야 이룩한 음운이론을 세종은 5세기나 앞서 체계화하였으며, 한글은 전통철학과 과학이론이 결합한 세계 최고의 글자"라고 격찬했다고 한다.[1]

조선왕조 시대의 친명사대세력의 한자지상주의, 일제강점기의 일본어 전용주의(자)들의 뒤를 이어 최근에는 영어공용화론자들과 '영어 광풍'이라 해야 할 정도로 대한민국은 영어에 절어 있다.

> 한국 유년에게 일문日文 교과서를 익히게 하는 것은 어린아이의 뇌수를 뚫고 저 소위 일본혼이라 하는 것을 주사하고자 함이라.[2]

이렇게 질타했던 1세기 전의 상황이 '일문' 대신 '영어'로 바뀌어 진행되고 있다. 그나마 그때는 '강압'이었는데 지금은 '자발'이라는 차이일까.

언어학자 커민스는 "모국어가 잘 발달되어 있지 않은 단계에서 제2 언어를 배우는 것은 언어발달에 장애 요소가 될 뿐만 아니라 지능개발에도 문제를 일으킬 수 있다"고 경고했다.

아직도 우리 주변 일상에는 왜색용어가 질긴 생명력을 유지하고 있는데 '미친 영어' 현상은 갈수록 한국 사회를 "영어 구사력이 계급을 나누는 구분선이 되는 현상"(박노자)을 보이고 있다. 거리의 간판이나 심지어 정부기관(지방자치단체 포함)의 무분별한 영어 남용으로 한글은 점차 설 자리를 빼앗긴다. '원어민 강사'라는 이유만으로 값비싼 수강료의 학원들이 성업을 이루는 나라가 지구상에 우리 말고 또 있을까.

갈수록 가속화 되어가는 국제화 시대에 영어는 필요하다. 아무리 그렇다고 해도 모국어보다 먼저, 그리고 훨씬 더 많은 시간과 교육비를 들여서 외국어부터 가르치는 것은 참교육의 태도가 아니다. 영어 상용국가로 이민 갈 것이 아니라면.

문익환 목사가 1989년 3월 김일성 주석에게 '통일국어대사전' 편찬을 제안한 것이 계기가 되며 남북국어학자들은 2005년부터 서울·평양·금강산 등을 오가며 공식 만남을 갖고, 2012년까지 30만 어휘를 담은 남북한 단일사전을 만들겠다는 목표로, 사전에 올릴 단어와 어문규범 통일 등을 논의하였다. 그러나 이명박·박근혜 정권이 들어서면서 이것마저 중단되고 말았다. 이념대결, 정치대결 상태에서라도 언젠가는 이루어야 할 통일에 대비하여, 겨레말을 지키고 함께 쓰도록 남북이 '통일국어대사전'의 편찬을 서둘러야 할 것이다.

최현배 선생을 비롯하여 한글운동 선열들은 엄혹한 시련에도 굴하지 않고 우리글·말을 지키고 연구하여 겨레의 얼과 혼과 동질성을 유지해왔다. 아직도 왜색용어 잔재를 청산하지 못한 채, 영어 광풍으로 우리글·말이 심하게 침식당하는 것은 물론 "한국어가 사라진다면"을 예상하는 우려까지 나오고 있는 실정이다. 주시경 선생과 최현배 선생 등 한글 지킴이 선열들이 저승에서도 영면하지 못할 것 같아 안타깝기만 하다.

솔직하게 저자는 한글연구가가 아니기 때문에 최현배 선생의 말소리갈(음성학)·씨갈(품사론) 등 전문 연구분야에 대해서는 접근도 하지 못했음을 밝힌다. 하여 김석득 님의 『외솔 최현배 학문과 사상』과 고영근 님의 『최현배의 학문과 사상』 등을 권하면서 면탈의 변으로 삼고자 한다.

우리 배달 겨레는 사천 년 내려오는 훌륭한 말과 오백 년 전해오는 과학스런 글을 가지고 있으면서, 능히 이를 잘 부리어 생존 발전의 공을 거두지 못하고, 헛되이 남의 말 아래에 눌리어, 약자의 설움과 패자의 슬픔을 겪었으니, 어찌 통분하지 아니한가?(최현배, 『글자의 혁명』 가운데)

주

여는 말

1 조정래, 『풀꽃도 꽃이다』 1, 13~14쪽, 해냄, 2016.

2 조동일, 「책 머리에」, 『영어를 공용어로 하자는 망상』, 5~6쪽, 나남, 2001.

3 박용규, 『조선어학회 33인』, 55쪽, 역사공간, 2014.

1장 출생과 성장·교육과정

1 고영근, 『최현배의 학문과 사상』, 21쪽, 집문당, 1995.

2 최현배, 「나의 걸어온 학문의 길」, 『나라사랑』 제10집, 167쪽, 외솔회, 1973.

3 김완진·안병희·이병근, 『국어연구의 발자취』 1, 83~84쪽, 서울대학교출판부, 1985.

4 최현배, 앞의 책, 168쪽.

5 이준식, 「최현배와 김두봉」, 『남과 북을 만든 라이벌』, 54쪽, 역사비평사, 2008.

6 위와 같음.

7 위의 책, 54~55쪽.

8 최현배, 앞의 책, 168~169쪽.

9 위의 책, 169쪽.

10 위의 책, 169~170쪽.

2장 '조선민족 갱생의 도' 집필

1 김두헌, 「'조선민족 갱생의 도'에서 본 민족정신」, 『나라사랑』 제10집, 15쪽, 외솔회, 1973.

2 고영근, 『최현배의 학문과 사상』, 40쪽, 집문당, 1995.

3 최현배, 『조선민족 갱생의 도』, 155~156쪽, 정음사, 1962년 판.

4 앞의 "망국의 병세 열 가지 진단"부터 "'민족갱생'을 위한 방안"까지 인용문 김두

헌, 앞의 책, 17~26쪽. (재인용)

3장 연희전문학교 시대와 우리말 연구

1 김석득, 『외솔 최현배 학문과 사상』, 132~133쪽, 연세대학교출판부, 2000.

2 위의 책, 133~134쪽.

3 고영근, 『최현배의 학문과 사상』, 38~39쪽, 집문당, 1995. (재인용)

4 위와 같음.

5 최현배, 「나의 걸어온 학문의 길」, 『나라사랑』 제10집, 170쪽, 외솔회, 1973.

6 김승태, 「흥업구락부」, 『한국독립운동사사전』 7, 699쪽, 독립기념관, 2004.

7 위의 책, 701쪽.

8 박용규, 『조선어학회 33인』, 47쪽, 역사공간, 2014.

9 최현배, 앞의 책, 171쪽.

10 고영근, 앞의 책, 251~254쪽. (재인용)

11 최현배, 앞의 책, 171쪽.

12 허웅, 「외솔 선생의 생애와 학문」, 『나라사랑』 제14집, 17쪽, 외솔회, 1974.

13 위의 책, 22쪽.

4장 일제의 한국어 말살책과 조선어학회 사건

1 김삼웅, 『친일정치 100년사』, 157쪽, 동풍신서, 1995.

2 위의 책, 158쪽.

3 『조광(朝光)』, 1939년 9월호.

4 배성준, 「조선어연구회」, 『한국독립운동사사전』 6, 539쪽, 독립기념관, 2004.

5 위와 같음.

6 김삼웅, 『일제는 조선을 얼마나 망쳤을까』, 226쪽, 사람과사람, 1998.

7 최현배, 「나의 걸어온 학문의 길」, 『나라사랑』 제10집, 173쪽, 외솔회, 1973.

8 위의 책, 173~174쪽.

9 위의 책, 174쪽.

10 위와 같음.

11 『한글』, 1955년 제112호.

12 『자유』, 1963년 제8호.

13 위와 같음.

14 최현배, 「나의 인생과 나의 학문」, 앞의 책, 176쪽.

15 임종국, 「조선어 학회 사건과 침략의 극수」, 『나라사랑』 제42집, 36쪽, 외솔회, 1982.

16 이현희, 「민중 구국 운동으로 본 조선어 학회의 국학 진흥 운동」, 위의 책, 55쪽.

17 김구진, 「조선어 학회 사건을 통해 본 민족 문화 운동」, 위의 책, 73쪽.

18 김상필, 「조선어 학회 수난 사건의 전모」, 위의 책, 90쪽.

19 이은상, 「평생을 배우고도」, 위의 책, 113쪽.

5장 옥중에서 지은 시조

1 최현배, 「옥중에서 읊음」, 『나라사랑』 제42집, 100쪽, 외솔회, 1982.

2 위의 책, 100~107쪽. (재인용)

6장 해방공간과 미군정시기

1 최현배, 「형무소에서 해방을 맞음」, 『자유』, 1963년 제8호.

2 위와 같음.

3 위와 같음.

4 위와 같음.

5 최현배, 「한글을 위한 수난과 투쟁」, 『나라사랑』 제10집, 188쪽, 외솔회, 1973.

6 위의 책, 189쪽.

7 최현배, 「나의 저서를 말한다」, 『현대문학』, 19쪽, 1964년 9월호.

8 위와 같음.

9 위와 같음.

10 최현배, 「한글을 위한 수난과 투쟁」, 『나라사랑』 제10집, 189쪽.

11 위와 같음.

12 위의 책, 190쪽.

13   최근학, 「외솔 최현배 선생님의 전기」, 『나라사랑』 제1집(창간호), 154쪽, 외솔회, 1971.

14   위의 책, 155쪽.

7장 이승만 정부 시기 한글 파수꾼으로

1   최현배, 「한글을 위한 수난과 투쟁」, 『나라사랑』 제10집, 191~192쪽, 외솔회, 1973.

2   석문주, 「이선근과 한글 간소화 파동」, 실화 임시증간호 『흑막』, 186쪽, 신태양사, 1960.

3   최현배, 앞의 책, 192쪽.

4   최현배, 『한글의 투쟁』, 296~298쪽, 정음사, 1958.

5   김석득, 『외솔 최현배 학문과 사상』, 118쪽, 연세대학교출판부, 2000.

6   위의 책, 119~121쪽. (재인용)

7   최창식, 「외솔 선생과 한글 기계화」, 『나라사랑』 제14집, 207쪽, 외솔회, 1974.

8   김석득, 앞의 책, 122쪽.

9   최창식, 앞의 책, 209쪽.

8장 '한글의 투쟁'에 나타난 우리말 사랑

1   최현배, 『한글의 투쟁』, 6~8쪽, 정음사, 1958.

2   위의 책, 3~4쪽.

3   위의 책, 22~25쪽. (발췌)

4   위의 책, 65~70쪽. (발췌)

5   위의 책, 71~74쪽.

6   위의 책, 120~121쪽.

7   위의 책, 146~149쪽.

8   위의 책, 150~152쪽.

9장 자유당 말기 정론을 펴다

1   모기윤, 「진실된 삶의 걸음걸음」, 『나라사랑』 제35집, 50~51쪽, 외솔회, 1980.

2   최현배, 「민주주의와 나라 운수」, 『운수봉』 창간호.(『나라사랑』 제10집, 102~105
    쪽에서 재인용)

3   위의 재인용 책, 106~107쪽.

4   위의 책, 107쪽.

5   위의 책, 108~109쪽.

6   최현배, 『나라사랑의 길』, 정음사, 1958.

7   위의 책, 57쪽.

8   위의 책. 63쪽.

9   위의 책, 48쪽.

10 「'나라사랑의 길' 출판 기념 축하회 답사」, 『나라사랑』 제87집, 16~22쪽, 외솔회,
    1993. (발췌)

11 최현배, 「한국 학도들의 나아갈 길」, 『나라사랑』 제10집, 159~162쪽, 외솔회,
    1973. (발췌)

12 위의 책, 163~165쪽.

10장 힘겨운 그러나 보람찬 역정

1   이대로, 『우리말글 독립운동의 발자취』, 80쪽, 지식산업사, 2008.

2   위의 책, 80~81쪽.

3   김흥식, 『한글전쟁』, 497쪽, 서해문집, 2014.

4   이준식, 「최현배와 김두봉」, 『남과 북을 만든 라이벌』, 64~65쪽, 역사비평사,
    2008.

5   고길섶, 『스물한 통의 역사진정서』, 259쪽, 앨피, 2005.

6   이준식, 앞의 책, 74쪽.

7   고길섶, 앞의 책, 276쪽.

8   최현배, 「한글과 문화혁명」, 『현대문학』, 1962년 8월호. (『나라사랑』 제35집, 120
    쪽에서 재인용)

9   위의 재인용 책, 123~125쪽.

10　위의 책, 125쪽.

11　위의 책, 126쪽.

12　위의 책, 127~128쪽.

13　위의 책, 128쪽.

14　위의 책, 131쪽.

11장 박정희 시대, 교육개혁론과 청년들에 호소

1　김석득, 『외솔 최현배 학문과 사상』, 411쪽, 연세대학교출판부, 2000.

2　최현배, 『나라 건지는 교육』, 57쪽, 정음사, 1963.

3　위의 책, 59쪽.

4　위의 책, 64~65쪽.

5　위의 책, 76~85쪽.

6　『영남일보』, 1966년 6월 1일치.

7　한글학회, 『한글학회 50년사』, 49쪽, 1971.

8　최현배, 「청년에게 하소한다」, 『나라사랑』 제10집, 154쪽, 외솔회, 1973.

9　위의 책, 155쪽.

10　위의 책, 158쪽.

11　위의 책, 155~156쪽.

12　위의 책, 158쪽.

12장 한글만 쓰기에 마지막 열정

1　최현배, 『한글만 쓰기의 주장』, 6~9쪽, 정음사, 1970.

2　위의 책, 10~11쪽.

3　위의 책, 12~13쪽.

4　위의 책, 14~15쪽.

5　앞의 책, 14~16쪽.

6　위의 책, 16~19쪽.

7　위의 책, 20~22쪽.

8   위의 책, 23~26쪽.

9   위의 책, 281~282쪽.

10   위의 책, 281~292쪽. (발췌)

11   권오문, 『말·말 말: 대한민국사를 바꾼 핵심 논쟁 50』, 346~347쪽, 삼진기획, 2004.

13장 서거와 회고 그리고 평가

1   한글학회, 『한글학회 50년사』, 503~504쪽, 1971.

2   최현배, 『한글만 쓰기의 주장』, 37~38쪽, 정음문화사, 1999(개정판).

3   「'나라사랑'을 내면서」, 『나라사랑』 제1집(창간호), 20쪽, 외솔회, 1971.

4   한글학회, 앞의 책, 502~503쪽.

5   이희승, 「외솔 형과 나」, 『나라사랑』 제14집, 279쪽, 외솔회, 1974.

6   일석이희승선생환갑기념사업위원회, 『일석 이희승 선생 송수 기념 논총』, 15쪽, 일조각, 1957.

7   김선기, 「외솔 스승을 추억함」, 『나라사랑』 제14집, 289쪽.

8   허웅, 「외솔 최현배 선생」, 『사상계』, 1966년 5월호.

9   김석득, 『외솔 최현배 학문과 사상』, 455~456쪽.

10   위의 책, 463~464쪽.

11   위의 책, 465쪽.

닫는 말

1   신승일, 「홍익 한글과 한류」, 『한겨레』, 2006년 6월 18일자 기사.

2   『대한매일신보』, 1900년 6월 6일자.

지은이 약력

김 삼 웅

독립운동사 및 친일반민족사 연구가로, 현재 신흥무관학교 기념사업회 공동대표를 맡고
있다.
『대한매일신보』(현 『서울신문』) 주필을 거쳐 성균관대학교에서 정치문화론을 가르쳤으
며, 4년여 동안 독립기념관장을 지냈다. 민주화운동관련자 명예회복 및 보상심의위원회
위원, 제주 4·3사건 희생자 진상규명 및 명예회복위원회 위원, 백범학술원 운영위원 등
을 역임하고 친일반민족행위진상규명위원회 위원, 친일파재산환수위원회 자문위원 등을
맡아 바른 역사 찾기에 부단히 노력하고 있다.
역사·언론 바로잡기와 민주화·통일운동에 큰 관심을 두고, 독립운동가와 민주화운동에
헌신한 인물의 평전 등 이 분야의 많은 저서를 집필했다.

우리말 지킴이

외솔 최현배 평전

1판 1쇄 펴낸날 2018년 10월 9일

지은이 김삼웅

펴낸이 서채윤 펴낸곳 채륜
책만듦이 김미정 책꾸밈이 이한희

등록 2007년 6월 25일(제2009-11호)
주소 서울시 광진구 자양로 214, 2층(구의동)
대표전화 02-465-4650 팩스 02-6080-0707
E-mail book@chaeryun.com Homepage www.chaeryun.com

© 김삼웅. 2018
© 채륜. 2018. published in Korea

책값은 뒤표지에 있습니다.
ISBN 979-11-86096-86-4 03910

잘못된 책은 바꾸어 드립니다.
저작권자와 출판사의 허락 없이 책의 전부 또는 일부 내용을 사용할 수 없습니다.
저작권자와 합의하여 인지를 붙이지 않습니다.

이 도서의 국립중앙도서관 출판예정도서목록은 서지정보유통지원시스템 홈페이지(http://seoji.nl.go.
kr)와 국가자료공동목록시스템(http://www.nl.go.kr/kolisnet)에서 이용하실 수 있습니다. (CIP제어
번호 : CIP2018029973)

채륜서(인문), 앤길(사회), 띠움(예술)은 채륜(학술)에 뿌리를 두고 자란 가지입니다.
물과 햇빛이 되어주시면 편하게 쉴 수 있는 그늘을 만들어 드리겠습니다.